陳福成著

現代文學研究叢刊

為播詩種與莊雲惠詩作初探

——暨莊老師的詩種花園詩友會

文史哲出版社印行

國家圖書館出版品預行編目資料

為播詩種與莊雲惠詩作初探：暨莊老師的詩種花園詩友會/陳福成著. -- 初版 --
臺北市：文史哲, 民 104.11
頁; 公分（現代文學研究叢刊；43）
ISBN 978-986-314-282-9（平裝）

1.莊雲惠 2.新詩 3.詩評

851.486 104025286

現代文學研究叢刊 43

爲播詩種與莊雲惠詩作初探
暨莊老師的詩種花園詩友會

著 者：陳 福 成
出 版 者：文 史 哲 出 版 社
http:// www.lapen.com.tw
e-mail：lapen@ms74.hinet.net
登記證字號：行政院新聞局版臺業字五三三七號
發 行 人：彭 正 雄
發 行 所：文 史 哲 出 版 社
印 刷 者：文 史 哲 出 版 社
臺北市羅斯福路一段七十二巷四號
郵政劃撥帳號：一六一八〇一七五
電話886-2-23511028 · 傳真886-2-23965656

定價新臺幣二八〇元

二〇一五年（民一〇四）十一月初版

ISBN 978-986-314-282-9 08343

自序：爲播詩種與莊雲惠詩作初探

我不寫童詩，但我喜歡童詩，喜歡小孩，這可能和我心中有所「欠缺」有關。生物總是自動地、補充自己的「不完全」，以恢復到「完整」的狀態，這和欣賞詩畫中空白、空靈的心理追求同理，我依然逃脫不了格式塔心理學的制約。

當然，客觀外境亦是重要原因，孔子說「不學詩、無以言」，不學詩連話都不知道如何說！是說不出有「品質」的話。詩壇大老常嘆這一代的孩子不學詩了，下一代詩種就斷絕了，這是何等嚴重的問題！詩乃中華文化的核心價值，怎能斷絕？所以我看到女詩人莊雲惠勤播詩種很感動，這才是吾輩詩人最該做的事。

由於關注童詩，才會接觸到莊雲惠小姐的詩作，讓我讚嘆她的作品如此古典清麗，讚賞這一代女詩人的詩畫空靈美學。略作初探，以向詩壇各詩家宣說並請示教，盼詩種

成長壯大，吾國詩文化源遠流長。（台北公館蟾蜍山萬盛草堂主人 陳福成 志於二〇一五年十一月）

爲播詩種與莊雲惠詩作初探

——暨莊老師的詩種花園詩友會

目 次

第一篇
童詩與青少年詩作

燃燒的黃昏（水彩畫）
莊雲惠作

第一章　莊雲惠童詩與青春詩花園欣賞暨詩友會

詩壇「播種者」，也是民國七十四年以《紅遍相思》詩集一書，榮獲全國優秀青年詩人獎的莊雲惠小姐，我始終在注意她的「童詩花園」經營情況。因為，放眼兩岸現代詩壇上眾多詩人中，能默默的、積極的，在兒童、青少年還是空白的土壤，種下詩種籽，極為少有。

能為詩壇「播種」，我甚為敬佩，也樂於為她鼓舞，故有這個「小詩友會」的策劃。相信未來，在莊小姐的詩田園裡，必是種麥長麥，種穀長穀。現在就帶領大家前往《華文現代詩》刊裡，欣賞莊雲惠童詩與青春詩花園小詩人們的作品。當然，詩友會時也要請小詩人們當眾朗誦自己的代表作。（繪畫部份本文均略）

《華文現代詩》創刊號莊雲惠「童詩的花園」賞讀

本期莊雲惠老師選刊五位小朋友的作品，每一首詩配上一幅小朋友的畫，詩畫都童趣十足，讓我這老傢伙看了也「返老還童」。除了童趣，也感受到了小朋友的心思、想像力，都不同於我們這些成年詩人，介紹欣賞如下。

星星　周梓齊（新北市秀朗國小五年級）

星星是調皮的小娃娃
太陽公公想抓她
卻跟不上時間的腳步
只好發出強烈的光芒
但星星閃呀閃
太陽公公只好認輸

這首詩充滿動感，像是爺爺和幾個孫女在玩遊戲，散發著天倫樂。在童書裡總把太陽叫「公公」，星星是調皮的小娃娃應是小作者的新創。「星星閃呀閃」是成功的詩語言，有了靜（名詞）和動（動詞）兩種意涵。

鞋子　邱冠傑（台北市建安國小五年級）

鞋子是腳的保護神
沒有牠
腳就要受苦
所以，我們要感謝祂

第一個「牠」應是印刷之誤，小朋友把鞋子神格化，我們要感謝祂，大人們都沒想過。詩意另有所言，提醒大家不論何時，要心存感恩，感謝我們腳下穿的鞋子。邱小朋友，我要向你學習。

媽媽的手　洪莉晴（新北市秀朗國小五年級）

媽媽的手

像是堅實的靠山
無私奉獻
讓我無憂無愁

短短四行寫出天底下所有小朋友共同認知，媽媽最偉大，媽媽是孩子的靠山，有靠山在小朋友就快樂。所以有智者說：老天爺給孩子最好的禮物是媽媽。

黑洞　陳昱倫（新北市秀朗國小五年級）

黑洞是一個超級大胃王
似乎永遠吃不飽
不論什麼東西都可以吸走
連太陽也不是他的對手

「黑洞」一詞有三層意涵，㈠天文學所述宇宙間存在的黑洞、㈡人的咽喉或無所不吃的人、㈢很貪婪的人。我不確定這位陳昱倫小朋友懂不懂天文學的黑洞，合理判斷應是不懂，但他這詩的後兩行卻合乎天文學黑洞的知識範圍。無論怎麼解，陳小朋友的詩有三個層次詩意，想像力也很豐富。

香蕉　黎雨柔（新北市秀朗國小五年級）

彎彎的　黃黃的
像掛在天空的月亮
皎潔光燦人人愛

軟軟的　切一切
放在冰箱變成香蕉冰
美味可口人人誇

這首的特色是分段與對比，相對結構完整，就小五的孩子而言，其邏輯思維已算突出。想像力的發揮，第一段較佳。

《華文現代詩》第二期莊雲惠「童詩的花園」與「青春詩花開」賞讀

莊雲惠老師在本期栽種的詩苗，甚為豐富，分別有國小、國中和高中部小詩人們的作品。年齡最小的是小三，最大高一，從作品上看他們的進步很驚人。首先賞讀「童詩的花園」。

愛

周梓齊（新北市秀朗國小六年級）

愛像一隻鳥
不斷地飛
飛向世界各角落

愛像一隻貓
悄悄溜進每個人心房
使人招架不住

愛像一瓶酒
使人神魂顛倒
無法看清真相

愛很執著
默默尋找另一伴
愛很迷人
一旦開始
就無法結束

愛
永遠存在每個人心中

對小六的孩子，這大概已算長詩了，就內涵表達真像個小大人。在他的生活經驗裡，他一定是看到了什麼！比其他小朋友更有深刻的觀察力和敏感度。

〈愛〉一詩，在結構上區分不等行的五段，前三段以一隻鳥、一隻貓和一瓶酒做比喻，讓愛有三種意象。前三段是比喻，第四段是愛的實況，最後一段用兩行做有力的結語，全詩的思維邏輯順暢，周小朋友的作文一定也很好。

〈愛〉詩的內涵與深度，都超越了小六的平均水平，若告訴人這首詩是成年詩人作品，應無人懷疑。他一定看到或觀察到一些「故事」，否則怎知愛使人招架不住？使人神魂顛倒？一旦開始無法結束？結語很簡潔，這是一首愛的好詩。

爸爸

洪莉（新北市秀朗國小六年級）

爸爸的鬍鬚
短短的
刺刺的
像太陽般的光芒
充滿了愛

太陽光「線」和鬍鬚有共同形像，太陽無私的愛和父愛內涵相近。這首袖珍小詩，比喻和想像都很鮮活，是可愛的小詩。通常只有小女生才會對爸爸的鬍鬚有興趣，除了小朋友的好奇心，也散發著濃濃的天倫樂。

白雪　黎雨柔（新北市秀朗國小六年級）

一點一滴在天上
掉到我頭上
變成白白的雪人

只剩下
兩個石頭般眼睛
一根胡蘿蔔似的鼻子
還有　拿著掃把掃雪的
頭髮

在台灣除冬天高山難得有雪，平地小朋友沒有玩雪的機會。這應該是孩子想像的「虛景」，頗有身歷其境的感覺，用兩個石頭形容眼睛，一根胡蘿蔔形容鼻子，形像很寫實。

瀑布　陳昱綸（新北市秀朗國小六年級）

瀑布是柔順的長髮
直瀉而下
吸引眾人的目光
成為最美麗的公主

這位陳昱綸和前面〈黑洞〉作者陳昱綸，是否為同一人？五年級和六年級時的不同作品，〈瀑布〉和〈黑洞〉風格有些相似，兩首都是很成功的四行小詩。

小小年紀就有了對美女的想像，瀑布飄瀉想像成女生長髮很俱像，也有鮮活的意象。瀑布和公主都吸引人的目光，短短四行，已能表達很多深意。

猴子　陳威綸（新北市秀朗國小三年級）

四肢比人類靈巧

爬樹像變魔術般快速
腳趾像餐具能抓香蕉吃
人類無法做到的事
牠神勇無比

陳威綸小朋友是詩園中最小的小小詩人，他把猴子寫得靈活靈現，爬樹和吃東西的動作，也觀察的很到位，是一首有創意的寫實作品。爬樹和變魔術本來二者無關，在小詩人的想像力之下，二者有了連接。

陽光灑在台北街上

洪芳妤（新北市永和國小五年級）

原本烏雲密布的天空
被太陽親吻後
烏雲都嚇跑了
台北街上
太陽　是威風的英雄

太陽是許多小朋友詩寫的對像，各有不同發揮，洪小朋友稱太陽是台北街上威風的英雄，也是獨樹一格的創意。但烏雲被太陽親吻後，為什麼嚇跑了？這裡打破了常規，照理說親吻後要抱在一起，現在嚇跑了！這有很多想像空間。

洪芳妤還有一首〈創造大地風采〉，她也是新北市永和國小五年級，兩個洪芳妤應是同一人。編輯方式看起來像同年級的兩個同名同姓小朋友，別管了，賞讀這首詩。

創造大地風采　洪芳妤（新北市永和國小五年級）

春天來了
花仙子把大地染了色
春神使動物們甦醒了
和繽紛的花朵
一起歌頌春天

小朋友對春天有什麼不一樣的感覺？花仙子、春神都是經由想像力的擬人化，都是初習詩人的基本技巧。「和繽紛的花朵／一起歌頌春天」，也是甚有詩意的句子。兩首洪小朋友的作品，都使景物活了起來，很有創造力的孩子。

鉛筆和橡皮擦　林采葳（新北市永和國小五年級）

鉛筆是作者
橡皮擦是編輯
他們是同事，也是朋友
互相幫助，彼此協調
是人們的好榜樣

這首詩的比喻很有創意，把鉛筆和橡皮擦擬人比喻成同事朋友。鉛筆是作者，橡皮擦是編輯，言外之意也在提示朋友有相互改正缺失的義務，互相幫助、協調，才是好朋友。

考卷　林采葳（新北市永和國小五年級）

有時被打得血淋淋

有時被畫得黑漆漆
雖然如此
他還是無怨無悔地吃苦耐勞
但並沒有人發現

主題和詩文都很有創意的作品，因為很少有站在「考卷」立場說話的創作者。有時被打得血淋淋或畫得黑漆漆，讓一張死死的考卷活了起來，而且還常常吃虧，但考卷總是「吃苦當成吃補」。「考卷精神」沒有人發現，言下之意，只有作者發現，作者最能體諒吃苦耐勞的人。

夏天

賴建宇（新北市永和國小四年級）

每個人都變成魚
在海裡自由自在的游泳
享受清涼的海水
把夏天甩得遠遠的

小四生能寫出這麼好的詩是了不起的，四行短詩，體現小朋友夏天玩水的快樂。第一句較平常，小朋友常說變成什麼什麼！中間兩句也鮮活，第四句是詩的關鍵，小四生把「甩」字用在這裡，顯示他的灑脫。

以下是「青春詩花園」，莊雲惠老師所指導國、高中青少年的詩創作。到底有沒有「文學天才」？通常在青少年（女）時期，約十三到十七歲就顯現出來（如女作家三毛），這時老師的啟蒙很重要。

影 吳蘋珈（新北市崇光女中高中部一年級）

朝陽升起
映在牆上
是你翩翩的側影
小鹿第一次跳上心頭

日正當中

落在地上
是你幽幽的身影
鼓隊在心中敲起進行曲

夕陽西下
投映湖面
是你默默的倒影
重擔甸甸的壓在心上

午夜時分
留在心上
是你冷冷的背影
朝陽，何時會再升起？

〈影〉的思路、邏輯、結構都很完整鮮明的詩，以一天的四個時間點，循序漸深，表達少女對一個心儀的男孩，所產生「稚愛」的情緒，這也許就是幾年後愛情的「幼苗」。

第一段是早自習看到那小男生側影的感覺，小鹿跳上心頭；第二段大概男生中午在鼓隊練習，女生在遠處偷看他；第三段放學了，男同學也要回家，女生感到心情沉重；第四段午夜還想著他，期待天亮上學可以看到他。

〈影〉透過時間的展演，有了吸引人的故事性，故事中加入感情、情緒的起落，表達一個少女對少男默默的愛。男生女生在大約十六七歲時，初現異性的吸引力，那種純純的愛最為純潔。

整體欣賞吳同學的〈影〉，結構思維、情節情緒展演，詩語言表達，都極為成功。吳同學很有發展潛力，加油！

下雨　張涵雅（新北市及人中學國中部九年級）

寂靜的夜晚
城市已沉寂
在夢中

雨頑皮的落下
在空中翩翩起舞
曼妙的舞姿
吸引風的注意
於是獻唱一首歌
給雨
輕柔的歌聲
搭配優雅的舞蹈
喚醒
熟睡的大地

花兒邀請雨共舞
草兒也忍不住搖擺身軀
夜晚的演唱會
開始了

張同學的〈下雨〉，充份把握擬人化的技巧，讓雨、風、花、草都活起來，成一個個活生生可愛活潑的人兒。而且結構嚴謹又單純，是典型的前言——本文——結論的三段式。中間十行是主要節目，但第三段最後兩行說夜晚的演唱會，開始了。言外之意也說，精彩的在後面。

在詩語言的運用上，雨「頑皮」的落下，在空中「翩翩起舞」，「優雅」的舞蹈，都使風、雨意象鮮明靈動，顯見張同學創作時，對字詞推敲很用心。

蜘蛛

謝瑋麟（新北市文山國中九年級）

黑暗的身軀
藏身於隱蔽角落
如隱居士般靜靜修練
如有害蟲誤闖了聖地
牠用潔白的絲綢掩住骯髒的獵物
再像詩人飲酒般

小口啜飲甜蜜的體液
雖然擁有醜惡的臉孔　恐怖的八爪
但可怕的軀體下
依然有一顆美麗的心

謝同學大概是第一位為蜘蛛平反的「實習詩人」，有史以來作家筆下的蜘蛛都是骯髒、醜惡又狠毒，從未有說牠有美麗的心。但站在蜘蛛的立場，牠也會說「我有一顆美麗的心」，不是嗎？謝同學的創意一絕也。

蜘蛛吃獵物，如詩人飲酒。古今中外創作者未有如是寫法，所謂「創作」，要言人所未言，用前人未用過的詞句、概念、點子，是謂創作，謝同學是創作者。

楓樹　姚禹丞（新北市永和國中七年級）

整個秋天
點燃無數火焰

燃燒了整片大地
不論陰晴
同樣壯麗
不知撼動多少人心
前來欣賞最耀眼的火舞

你走遍世界
留下無數楓葉
當做土壤的養分
等待明年
再度燃起燦爛景致

姚同學的〈楓樹〉，不等行的兩段，平平穩穩。詩語言的運用，「點燃」無數火焰，「燃燒」了整片大地，用鮮活的意象再加以誇飾，產生視覺上的效果，彷彿讀者也看到大片楓林，有燃燒的火舞。

《華文現代詩》第三期莊雲惠「童詩的花園」與「青春詩花開」賞讀

詩刊要出第三期了，領導鄭雅文小姐、發行兼打雜彭正雄先生、編輯林錫嘉先生及編輯群，大家辛苦了。我們如是幹活，值不值？多少意義？已無從言說！但能保住一塊清新的田園，讓有志於「種詩苗」的莊雲惠小姐，在這裡種植培養未來的詩人，該是值得的。也許，未來的李白、杜甫，就從我們這塊「薄田」出現。

頭髮 黎雨柔（新北市秀朗國小六年級）

長的 短的
有黑 有白
還有高雅的咖啡色
是女人的生命
如果沒有它
便無法展美麗豐采

小六小女生黎雨柔就懂「女人」的心事，她確實有精準的觀察力和敏感度，能抓得住「普遍性現象」，再從現象中歸納出「理論」。她看到女生都在頭髮上做文章，很在乎髮型，故說女人的生命，就詩創作言，也是一種誇飾的運用。

水

陳昱綸（新北市秀朗國小六年級）

水是大自然的舞蹈家
以優美的舞姿體現內涵
流入小河
流入溝渠
向世人展現她的美麗
流入湖泊
流入大海
讓人們目睹她的力量
在世界各地表演
吸引眾人目光

陳昱綸同學的〈水〉有兩個特點。一者想像力豐富，把水寫成大自然的舞蹈家，也是比喻上的創新。二者以「她」稱謂，暗示水是個「女人」，柔弱有極大的力量，又能展演美麗，吸引眾人目光。

時間　陳孟夏（新北市秀朗國小六年級）

曾否看見
壯麗瀑布從天傾瀉
不曾滯留？
曾否看見
清晨煙霧凝結成露
僅如曇花一現？
曾否看見
流光璀璨匆匆走過
從未停留片刻？

時間在趕路
日月在賽跑
不曾停歇
只留下步步足痕

渴望生活充實
不願韶華虛度
請把生活的色彩塗滿
　時間的腳印填滿
切莫任空洞占據歲月
勿使空虛占據心靈
及時把握現在

我以驚訝讀這首詩，小六的陳孟夏同學，已儼然是個小哲學家詩人。首先就小六生言，這是一首結構、思路都流暢的「長詩」，他經營的很自然；其次這是哲理深入的詩，連續以三個「曾否看見」質問，帶出三種現象以啟示人心，力道十足；三者「瀑布從天傾」、時間趕路、日月賽跑，除了誇飾、張力技巧很有勁，也讓詩文活了起來。

小六的陳同學對語詞把握也很「老練」，最後一段切莫……勿使……已有成人詩的架勢，陳小朋友的〈時間〉有超齡的成熟。

海 呂彥達（新北市錦和國小六年級）

你是一位出色的舞蹈家
天天跳著不同的獨特舞步
一會兒東，一會兒西
讓人心花怒放

你是一隻張牙舞爪的龐大猛獸
天天伺機吞噬可憐的獵物
一會兒撲，一會兒咬

讓人心有餘悸

你是一位天生的雕刻家
天天努力雕刻岸邊的岩石
一會兒敲，一會兒打
讓人讚不絕口

大海呀大海
你無所不能
像極位掌管世界的天神

呂彥達同學的〈海〉，把海擬人化成三種角色，是想像力加創意的作品。尤其六個一會兒「東、西、撲、咬、敲、打」，不僅有形像的動態美感，也有意象的鮮活美感，以小六生的作品，這首詩寫的極好。

而「讓人心花怒放、讓人心有餘悸、讓人讚不絕口」，三種情緒情境，也點出了海的深不可測，更彰顯其威力。

而三種角色形容海的三個面向，舞蹈家形容浪花，雕刻家形容海浪拍打岸邊，最可怕是猛獸，無數船難都因這隻猛獸而起。總結大海的能耐，簡直是個天神。呂同學有豐富的想像力，可點石成金。

草原　外一首　劉映彤（新北市永和國小五年級）

在這片樂園
沒有汽車的喇叭聲
沒有惡臭的氣味
只有屬於大自然清新的氣息
還有翠綠的大樹
迎風搖曳的小草
還有孩子溫暖的笑聲
迴盪成歌

小五生劉映彤同學的可愛又寫實小詩，一幅都市孩子難得的快樂假日，爸媽帶著孩子到郊外草原享受暖陽，劉小朋友把他的快樂表達於詩，把快樂分享給別的小朋友。

看海 劉映彤

一望無際的大海
輕輕的呼喚我
浪花柔柔的輕拂腳底
此時，我心平靜
傾聽水濤的細語
仰望蔚藍的天空
與海享受美好時光

劉映彤同學這首〈看海〉寫得比〈草原〉好，意境也較高，詩意較濃。原因之一，〈看海〉詩人懂得與自然同在，傾聽自然水聲的話語；其次詩語言較豐富，較有詩意。比較小五和小六的作品，可以看到明顯的差別，可見才一年可以有很大進步。當然，莊雲惠老師的指導、啟蒙是重要原因，希望她的學生中，未來出現李杜或余光中。

第二章　莊老師兒童與青少年詩作欣賞暨詩友會

中生代詩人、畫家莊雲惠小姐，從年輕時代展露不凡的詩畫才情。「在詩裡，我希望傳達純美的思想，坦蕩的胸懷，及悠揚雅緻的心境。在畫裡，我渴望高雅的氣質，典麗的風貌，展現美的意象……在詩與畫裡，我得到自我的滿足，自我的提昇，自我的超越。」（引莊雲惠著，《紅遍相思》，文史哲出版，民七七年二月，〈結緣〉一文）。

我仔細研究、追蹤莊雲惠小姐，從《葡萄園》詩刊到《華文現代詩》，她的「童詩花園」和「青春詩花開」，經營的有聲有色，許多孩子因莊老師指導，詩寫得越來越好，那是莊老師以詩畫才情和愛啟蒙這些孩子，詩壇甚幸！孩子甚幸！

《華文現代詩》第三期莊雲惠「童詩的花園」與「青春詩花開」賞讀

夢 外一首　洪楷威（新北市中和國小四年級）

有時是可怕的壞蛋
讓人厭煩
有時是善良的好人
讓人心歡
夢是雙面人
難以捉摸

才小四的洪楷威小朋友這首〈夢〉，很成功、很先進。原因一是比喻運用的極好，二是開始會用擬人化，三以難以捉摸形容夢為結語。初淺的結構：前言——本文——結語，已算完整。

樹和草

樹和草是好朋友
但一個高壯
一個低矮

差了十萬八千里

洪楷威這首〈樹和草〉，除了比喻和擬人化用得好，也很有創意。把樹和草想成好朋友，是洪小朋友的獨創，別無分號。

獅子

陳威綸（新北市秀朗國小三年級）

牠是森林裡的皇帝
常常以大欺小
經常狡猾地欺騙小動物
最後大夥兒不想理牠

陳威綸小朋友才小三，比喻造句、想像力都很正確豐富了，以皇帝比喻獅子不僅貼切，也很有創意。短短四句，完整表達兒童對獅子的感覺。陳小朋友對「皇帝」的概念，來自一些歷史宮廷劇，皇帝和獅子同屬「頂層掠食者」，比喻也是真實的。

四季

洪芳妤（新北市永和國小五年級）

夏天
炎熱的季節
人們吃冰消暑
戲水弄潮
是快樂的小確幸

春天
大地有了新衣裳
花兒一朵朵綻放
風哥哥跑來湊熱鬧
和鳥兒一起開音樂會

秋天
金黃色的海浪忽高忽低

繽紛的楓葉從枝頭上悄悄飄落
樹爺爺的頭變得光禿禿
人們也開始保暖

冬天
獨自走在大街上
幾乎沒有人影
雪花飄飄
是寒冷冬天唯一的浪漫

如果洪芳妤小朋友曾在中國北方住過，她經歷過四季分明、冬天飄雪的場景，這是寫實創作的詩。若她在台灣成長，這是「虛景」實寫的作品，即完全發揮想像力的創作，依據各種訊息、知識，對四季的理解創作成詩。

嚴謹的四段結構，對小五生是高難度的。就詩語言看，有可愛的擬人化，有豐富的想像力，而要能準確的描述四季不同景色，也需要一點功力。惟前兩段倒置，應是印刷之誤。以下是國高中的「青春詩花開」。

神木 黃立中（新北市永和國中八年級）

一顆種子埋進春泥
經歷了百千年修練
成為了神木
聳立在靜謐的森林中
以傲人的高度
吸收豐富的養分
接受強烈的風雨
靜看歲月更迭

一道自天而來的閃光
劈開了老邁身軀
再度埋入春泥

把所有的養分，回歸大地
造就另一棵神木
期待另一個紀元

應該不到十五歲的黃立中同學，他的〈神木〉一詩，已有寬廣的宇宙觀視野，經由一顆神木的生死，看見萬事萬物在「生、住、異、滅」，乃至成住壞空中輪迴著。神木回歸大地，就另一個新生命，這是永續生命觀，黃同學年紀雖小，視野已快有神木的高度。

〈神木〉詩語言也鮮活，如百千年「修練」，「靜看歲月更迭」，「自天而來」的閃光。「劈開了老邁身軀／再度埋入春泥」，是成熟的詩句，這些對年少的黃同學，都是很成功的詩語言。

早晨 莊子昂（台北市大安高工二年級）

美好早晨
和煦陽光籠罩大地

每個人的第一步都是全新開始

繁忙的腳步是第一幕
悠閒的聲音是第一景
晨起的鳥兒們也爭先恐後地覓食
不管繁忙或悠閒
早晨
全新的開始
希望的播種

這位莊同學應該是「青春詩花開」班上的「老哥」，年紀級別最高的，高三通常拼大學，不會來上這種課。〈早晨〉已從「時間」的早晨，昇華到人生任何時候，全新起步的開始，由此而提昇詩意。第二段是起程後各種打拼的場景，最後兩行以積極的態度迎向未來，這是一首清新、健康的短詩。

獅身人面像雨 謝瑋麟（新北市文山國中九年級）

它，雖然已成雕塑
威嚴的臉孔
還是盯著每個路過的旅者
彷佛要直撲上前
提問一連串
難解的謎題

詩刊印刷的詩題多一個「雨」字，應是校對出錯。謝同學以六行小詩，要如何把「獅身人面像」意涵表達出來？據說牠問的問題，都是無解，永恆的謎題，所以謝同學也等於表達了。

楚河漢界 王萱芸（新北市永和國中八年級）

有如項羽與劉邦
在棋盤中劃下一道

永世的河界
也在歷史上
留下一筆
腥風血雨的淒涼

王同學這首〈楚河漢界〉，寫得極好，寫出了境界，詩意也很濃厚，把下棋提到人生的高度，這就是言外之意。以「也在歷史上／留下一筆／腥風血雨的淒涼」，很有未來女英雄的豪氣。

雨時　周晟傑（新北市竹林中學國中部七年級）

雨奔向大地的舞台
千萬條細絲線
交織成霧濛濛的白紗
身披輕紗
聆聽機杼札札的

樂音

〈雨時〉，大概指下雨時，這樣文題相合。周同學把下雨時，看到的場景，發揮了高度想像力，「濛濛的白紗／身披輕紗」，有了新鮮的意象。而聆聽「機杼」和「札札」的樂音，似乎是年輕世代的新語言，新的想法，也是創新。

路燈

邱奕慈（新北市永和國中七年級）

堅強的勇士
挺立在黑暗中
帶領人們朝正確方向
前進

夜晚的太陽
放射絲絲溫暖
照亮每一個靈魂

不再徬徨猶豫
不再陷溺寂寞
帶領走向光明

才國一的邱同學寫出這麼好的詩，極為難得。原因一，把路燈比喻成堅強的勇士，面對黑暗挑戰，堅定不移，很適當也合形像，進而第二段比喻成夜晚的太陽，不僅創意十足也很突出。其次把路燈擬人化成智者，帶領人們向正確方向前進，更合於路燈意涵，提昇了境界。

《華文現代詩》第五期莊雲惠「童詩的花園」賞讀

數學　王宜卉（新北市秀朗國小六年級）

如惡魔般糾纏著
是我學習道路上
最大的絆腳石

天天凝視
想和與它培養感情
但卻冷漠的拒絕我
留下失望的嘆息

我要跨過障礙
和它一起度過所有困難
請它引導向前
讓我不再迷惘

王同學發揮有趣的比喻和可愛的想像力，把數學擬人化，先比喻成惡魔，再成為朋友，這是很大的創意和新鮮的思維，未見有這般比喻者。

就詩語言看，「是我學習道路上／最大的絆腳石」、「天天凝視／想和它培養感情」，都是很有詩意的句子，很鮮活的詩語言。

媽媽的心情 外一首

陳欣佑（台北市五常國小）

媽媽的心情像紅綠燈：
綠燈時，
笑容滿面；
黃燈時，
愁眉苦臉；
紅燈時，
就會火冒三丈。
希望媽媽的心情永遠是綠燈，
帶給我幸福美滿。

觀其畫與詩作，陳小朋友約是小三或小四，寫出這樣好的詩，有創意、有想像力。以紅綠燈三種顏色，形容媽媽的心情，也很準確。

風

風哥哥是調皮鬼，
常常偷掀女生的裙子，
害她們丟臉；
風哥哥是勤勞的小幫手，
但是總是幫倒忙，
把垃圾掃得到處都是，
讓清潔人員忙得天翻地覆。

風，
請不要再搗蛋，
要做個乖寶寶。

陳欣佑同學〈媽媽的心情〉和〈風〉，前者像小三或小四作品，後者像小五或小六作品。這是一首可愛的小詩，將標點全不要，前三行做第一段，全詩分三段最佳。前兩段擬人化成兩種角色，最為活潑有趣，結尾的三行也是童趣十足，「請不要再搗蛋／要做個乖寶寶」，童趣又富詩意，〈風〉很成功。

電玩　簡子翔（新北市秀山國小五年級）

電玩是我的愛好
也是樂趣
它讓我迷迷糊糊
功課日漸退步
時好　時壞
不時伸出引誘的雙手
把我拉向遠方
啊　它已經讓我走火入魔了

簡同學這首〈電玩〉，後三句使這首詩有了完整性，也讓詩得以完成。簡同學發現了問題，但要怎麼辦呢？把如何解決也寫成詩更好！

紙飛機

李愷婕（新北市秀朗國小五年級）

紙飛機
由孩童的遊戲中創造
讓他能夠翱翔
飛越天際
在天空的世界
成為最自由的一架飛機

紙飛機
被大人的知識所改良
是孩童奔跑的原動力
使他在競逐中贏得冠軍
危機時逃過一劫

成為各種比賽名列前茅的選手

紙飛機
是童年完美的玩伴
在眾人心目中
擁有不可或缺的
美好回憶

以小五生寫三段有點長的詩，是小有難度的，難度在思維邏輯和結構，但這首〈紙飛機〉，李同學經營得算是不錯，結構還算流暢、完整。在詩意上，三段構思的三個情節，詩的意涵也有所表現。「讓他能夠翺翔／飛越天際」、「危機時逃過一劫」、「童年完美的玩伴」等，都是自然的詩句。

花 外一首　林采葳（新北市秀山國小五年級）

是大自然的主角，

開花時像在靜坐，
沉穩內斂，
孤芳自持，
雖然靜止不動，
卻是它一生，
正值壯年唯美的時刻。

林采葳這首〈花〉寫得很成功，一是能抓住花開的形像做比喻很貼切，花確實像在靜坐。其次再把花提昇到人生的層次，便有了境界。以小五生而言，能看到花也有其一生，表示也能看到自然界的其他事物也有一生，這是一種視野和高度。

零食

人們又愛又恨的東西，
吃多，怕肥胖，
吃少，又欲罷不能，

根本就是：
「毒品二號」！

采葳這首〈零食〉也寫得很有趣，把小女生對零食的感覺，用前三行表達的傳神。最後再用「毒品二號」總結零食，很有創意。零食本是小女生的最愛，現在采葳發現根本就是毒品，這可是「重大發現」！至於為何用「二號」？不用「毒品一號」？是不是林小朋友留給大家的想像空間？

手機　陳顥文（新北市秀朗國小五年級）

星期六時
手機都會陪伴我一個晚上
每當壓力大時
它就會變成音樂播放機
每當無聊時
它就會變成電動遊戲機

在這個世上
它是我最好的朋友

每個家庭對孩子教育方式不同，陳家只有星期六晚上讓小朋友用手機，陳同學寫出他對手機的心聲。但為什麼「在這個世上／它是我最好的朋又」？而不是同學或玩伴？或爸爸媽媽？要問問陳顥文同學？

四季的變化

陳侑萱（新北市中和國小三年級）

春天時，
百花盛開，迎風搖曳，
動物快樂出遊，
有些抓魚，
有些吃肉，
完成了一幅美麗的畫。

夏天時，
人們出來玩，
有的在樹下乘涼，
有的在池塘邊賞魚，
展開了一趟精采的遊戲旅程。

秋天時，
落葉像下雨一樣，
紛紛掉下來，
有的掉在池塘邊
有的掉在樹幹旁，
形成了一處夢幻的風景。

冬天時，
候鳥躲在溫暖的地方，

而我們，
則躲在溫暖的棉被裡，
做一個微笑的夢！

太了不起了！陳侑萱小朋友，以小三學生能寫出如此結構完好、景物明確，又有詩意、有境界的長詩，很不簡單！很了不起！

在四季景物、人們活動的捕捉，都很明確到位，把每個季節的自然意象也表達出來了。

每一段的最後一句是段的關鍵句，因這一句而使段落完整，成為完整的四幅畫，合起來是一幅四季變化圖。四個關鍵句也是這首詩的四句重要詩句，一首詩得以完整完好的表達。

星星

黃翊亭（新北市秀朗國小五年級）

星星總愛跑到我的夢中
喃喃訴說話語

當我哭泣時
她安慰我
讓我忘掉悲傷

我想親自向她道謝
但她直說這是應該的
我一直不肯放棄
最終她回家了
我也從夢中甦醒了

神奇的星星入我夢
賜我開心的夜晚

通常在國小階段已懂得運用擬人化，使一個東西（景、物、事等）活起來。但少能與擬人化角色進行對話，畢竟，擬人角色是不存在的。黃同學的〈星星〉很先進，他已能和擬人化角色進行對話，產生更鮮活的效果。

結構上〈星星〉也極好，前言——本文——結語的三段論式。詩語言的運用也很活潑，如「星星總愛跑到我的夢中／喃喃訴說話語」、「我想親自向她道謝／但她直說這是應該的」，乃至神奇的星星入我夢等，都是極佳詩句。

電視機 楊智宇（新北市中和國小四年級）

電視機是我的小秘書
不管是我心情好或是不好
它總是默默的陪伴
也知道我想看什麼節目
總會逗得我笑口常開

這首〈電視機〉除了運用擬人化，也有默默對話交流，就小四生來說很先進，寫得極好。短短五行，把她和電視機的關係，清楚的表達。

孔雀 外一首 陳立軫（新北市秀朗國小五年級）

動物園裡最耀眼的國王
求婚時
繽紛色彩的英姿
吸引許多觀眾

陳同學的〈孔雀〉四行，把孔雀提升到國王的位階，再以求婚形容牠的表現，是四行成詩的關鍵，也完整表達了主題的意涵。

老鼠

像小偷一樣
每天神出鬼沒
只要看到起司
他就往前衝
只要看到貓

就往後跑

用小偷、神出鬼沒形容老鼠也很貼切，增加可讀性。但現在城孩子沒有機會觀察貓捉老鼠，甚至老鼠也極少見，貓也不捉老鼠了。這些，應該都是小朋友從書本「看到」的知識。

秋

周梓齊（新北市秀朗國小六年級）

她是寂寞的藝術家
渴望一絲熱情
想要溫暖的擁抱
紅葉了解她空虛的心
成為她的畫板
使她擁有忘記孤單的蕭瑟

紅與黃

是慣用的色彩
點綴出來的世界
雖然熱鬧
卻有著無限的悲傷

紅葉飄落的季節
她的夢想與願望
也隨著微風
飄散

周同學的〈秋〉詩極為成熟，已有成人思想和詩意的架勢，是超越小六生的詩作。原因一是精確的把握住秋的意象，秋的孤寂、蕭索，盡在詩意中。

其次把秋擬人化成寂寞的藝術家，極有創意，「渴望一絲熱情／想要溫暖的擁抱」，是作者和秋天有了交流對話。「紅葉……」以下三句使〈秋〉詩提昇境界。

第二段是秋（藝術家）的作品，熱鬧中藏著感傷。末段連夢想也飄散了，整首詩很能表達秋天的情境。

最後從結構看這首詩也很完整，且詩意豐富，幾乎每一行都是成熟的詩語言，諸多的好成就的好詩。

彩虹

洪楷崴（新北市中和國小四年級）

雷響著，
雨下著，
風吹著，
我在窗內欣賞這幕景觀……

雨後空氣格外清新，
紅、橙、黃、綠、藍、靛、紫，
天空出現一抹彩虹。
由低到高、由高到低，
宛如一條長長的溜滑梯，
我想從上面溜下來，

衝入腦海。

彩虹那麼豔麗，
是不是偷拿達文西的畫筆？
彩虹那麼彎曲，
有沒有練過瑜伽？
彩虹那麼容易消失，
是不是曇花的孩子？
彩虹每次都和太陽在不同的位置，
是不是怕太陽公公？

我要讀自然科學書籍，
揭開它的奧秘！

又是一首寫得超好的好詩，洪小朋友這首〈彩虹〉，也是一首超越小四年紀的長詩，對小四生而言。長詩要結構和情節的連續性，洪同學安排得很好。

四段結構安排的極佳，有頭有尾，中間兩段是重點。但第一段開始，洪同學懂得運用引人入盛的技巧：「我在窗內欣賞這幕景觀……」

第二段純就自然景觀描述，精彩的是第三段的四個問答，讓全詩提昇了境界，問答充滿創意。「彩虹那麼容易消失／是不是曇花的孩子？」這是多麼新奇的提問！出自小四生，洪小朋友深值讚嘆！

這麼多的提問，小朋友最後說要讀書揭開奧秘，全詩的思維邏輯通順，表示小詩人已有「佈局」的初淺能力，才能經營這麼長的詩。

甲蟲——獨角仙 莊竣翔（新北市中和國小四年級）

擁有一支長長的犄角
隨時用這把武器
與對手打架

小四的莊小朋友，對自然界發生的事有些好奇，吐露對這個世界的最初觀察印和認知，他需要有個解釋。例如，「擁有一支長長的綺角……打架」這是他看到的世界，用自己的方式表達。

兒童到青少年階段，學詩創作最早會用的技巧，大約是擬人化和比喻。擬人是把有形或無形事物，乃至抽象概念，都活化成人，使其有思想、有感情。如本文的陳立軫〈老鼠〉和〈孔雀〉，周梓齊〈秋〉、洪楷威〈夢〉及〈樹和草〉、陳威綸〈獅子〉、洪芳妤〈四季〉、陳欣佑〈風〉、楊智宇〈電視機〉、林采葳〈零食〉、黃翊亭〈星星〉。

比喻是讓詩文生動的法門，只要抓住具象景物與抽象感覺間的相似點，就可以發揮比喻技巧，使詩文更精彩生動。如王萱芸〈楚河漢界〉、周晟傑〈雨時〉、王宜卉〈數學〉、陳欣佑〈媽媽的心情〉、陳顥文〈手機〉等。

通常一首詩不會只用一種方式（技巧），而是多種，想像力、創意、比喻、擬人，看前面孩子作品當如是。但詩語言是一種「歧義（意）語言」，可以有各種不同切面的欣賞，下文吾人從其他切面賞讀兒童和青少年詩作。

第三章　莊雲惠童詩與青春詩切面欣賞暨詩友會

當代中國兩岸詩壇，寫現代詩的詩人，我敢說「多如牛毛」，我在正式的一篇論文（《洄游的鮭魚》或《從魯迅文學醫人魂救國魂說起》，皆文史哲出版），兩岸詩人總數超過解放軍加國軍兵力總和。所以，兩岸詩人發出的「軟實力」很大，但絕大多數寫詩只是「玩票」，如玩股票。扣除玩票詩人，真正「稱職」或一輩子執著於詩，總該有幾萬或幾千個詩人。

而這幾萬幾千個詩人中，想到要在兒童青少年身上播「詩種」的，應是極少極少的，這極少數願意播詩種的詩人，最應該受到敬重。中國乃詩文化之大國，在我們人民生活中，到處是詩，公園、民宅、祠堂、廁所……處處有詩的影子，但我常聽到人說下一代都不學詩了，「不學詩無以言」，這是文化危機。現在看到莊雲惠積極播詩種，才讓我讚嘆！

大約三十年前，莊雲惠在《紅遍相思》詩集說：「我像一粒種子，落實於藝文的泥土。在漫漫長程中，我誠惶誠恐地向前邁進，才從起跑點開始第一步……」如今她是可敬的女詩人，並向下一代播詩種，這是吾國詩文化傳承的春秋大業，我為她擊鼓歡呼！

兒童青少年的詩種應該好好的播下去，《華文現代詩》季刊，能有這塊良田，讓莊雲惠播詩種，我覺得這一小塊地，是本刊最「值錢的黃金地段」。本文賞讀這塊田地的兒童青少年詩作，從以下三個「切面」欣賞評述之。

一、說情講理的兒童青少年詩創作賞讀

說情講理的詩，在孩子身上最普遍。詩本來就是表達情感（憂喜寂寞等）的，孩子最容易吐露他的情感情緒。而這類作品中，也有偏重說理的，那是在表達他的意見、看法講理的詩，小朋友往往比老師更像老師。

鉛筆盒　陳立軫（新北市秀朗國小六年級）

鉛筆盒像一條小河流
筆是從天而降的雨滴

每當筆越來越多
河水就會變得湍急
一旦暴漲
便氾濫成災

陳同學的〈鉛筆盒〉是充滿想像力的作品，但他在說什麼?第一層詩意當然指盒裡東西太多，反而是煩惱（氾濫成災）；另一層深意是弦外之音，應是提醒說，河道雜物太多堵塞水流，一旦大雨來了，便氾濫成災，陳小朋友，你說是不是？

髮　王萱芸（新北市福和國中九年級）

一絲一絲
藏著歲月的惆悵
一綹一綹
帶走腦海的回憶
又化為

一條又一條白線
放入了經驗
陪伴到　垂垂老矣

〈髮〉詩有豐富的詩語言，「一絲一絲／藏著歲月的惆悵」，開始就不凡。「又化為／一條又一條白條」，這是大家都害怕的，所以大家流行染髮。王同學從頭髮看到人的一生，但開始是「惆悵」，結尾是「垂垂老矣」，這人生有些太感傷，王同學定是個感情豐富又善於思考的孩子。

媽媽

呂彥達（新北市錦和國中七年級）

冰冷的身軀
包覆著一顆溫暖的心
嚴肅的面孔
隱藏著原來爽朗的笑意

對子女厲聲怒罵
像千萬根針刺痛您的心
您的愛像山巨大
　像海廣遠
是我永遠無法償還的
深恩

呂同學表達了對媽媽的感情，歸結當然是母愛的偉大，永遠難以報答。但也對媽媽的管教有點意見，「對子女厲聲怒罵……」是不是希望媽媽有所改進。呂同學另一首〈太陽〉：

白天
就像是一位高高在上的皇帝
用剛烈火紅的雙眼
傲視群雄

夜晚
就像落街頭的老人
眼神散漫無光

但即使永遠長生不老
即使高高在上
即使看遍人世間生老病死
也無法改變我們的生命

太陽啊！太陽
你究竟是天神
還是平凡的人類呢？

呂同學的〈太陽〉，用了擬人和想像，更多的是他的感情世界，透過太陽思考人一生中的生老病死，以及許多不解的疑惑，還有天馬行空的想像。

呂同學也從太陽看到某種道理！從皇帝變成流落街頭的老人，這個落差太大了，也太無常了。呂同學是不是在說人生無常的道理？

詩是歧義（意）又多元解釋的語言，想像空間越是寬廣越是好詩，不論傳統或現代詩皆如是。反之，定於一解的詩，除非「特別個案」，否則，不會是一首「很好」的詩。〈太陽〉已俱好詩的條件。

兩難　蔡承育（新北市福和國中九年級）

終於到了關鍵時刻
勢必要做出決定
不是一方消失
就是玉石俱焚
在雨中淋著雨
試著使腦子清晰
在決定的天秤上
左是劍，右是刀

而我則站在中間
試圖找出一個支點

用「兩難」做詩題，就已經俱備創意的條件。在兒童青少年階段選用的詩題，通常限於有形事物（人、物、自然現象），或無形可感的情理（喜怒哀樂）。極少會碰觸「抽象概念」，這只要看看本（六）期《華文現代詩》，裡面所有兒童青少年作品的詩題，就很清楚了。

〈兩難〉為題極有創意，而內文表達又如何呢？兩難是一種「零和遊戲」困境，「不是一方消失／就是玉石俱焚」，從內文看，蔡同學表達的極好。

但我相信，蔡同學的〈兩難〉另有所指，生活中的兩難情境很多，各年齡層都有不同的兩難困局要面對處理。通常是無解的，二選一，或都不要，退出江湖，不要面對了。

蔡同學仍不放棄，他有所為、有所堅持。「而我則站在中間／試圖找出一個支點」，他在說一種人生大道理，詩意以外之理。

喜怒哀樂

張玉芝（新北市私立崇光女中國中部二年級）

開心時
我是一隻翱翔於天際的鳥兒
生氣時
我是從火山口爆出來的岩漿
傷心時
我是從噴泉口湧出來的水花
快樂時
我是從森林中盡情奔放的羚羊
喜怒哀樂交織成生命美麗的風景

張同學的〈喜怒哀樂〉，用四種自然界場景表達自己的四種情緒，四個場景也涵富詩意的張力，四種意象讓詩寫得很成功。而最後一句則提高詩的層次，把生命歷程簡化並普遍化為四面風景。

自由

羅士軒（新北市永平國中七年級）

快一點逃離這塊不毛之地，
逃離這座監牢。
掙脫繩索，
掙脫索鍊，
掙脫無謂的束縛。

別再執著於古板及錯誤的思想，
快快跨越為自己所設的界線，
抬頭看，眼前轉變成寬闊的天空，
往下瞄，又轉換成無邊的大地。
張開翅膀吧！
翱翔天際，
生活已不再是一座牢房，

而是，真正的自由！

羅同學的〈自由〉，有很深的哲理思考意涵，也很有啟示性。所謂「監牢」，除了犯人住的牢房，還有許多層次意涵。在某種前提、領域下，國家、社會、組織、黨派、家庭、婚姻……都可以是監牢，也可以不是，乃至犯人住的牢房也可以使其不成監牢，完全看對何人說。其實，人的「肉身」才是最難掙脫的監牢，這又是另一個層次。

羅同學的〈自由〉大概有所指射，對自己、家庭、學校、師生、同學等，皆有可能。真正最徹底的自由，在於自己的心境，而不在外相、外境，一味追求外相形式自由，最終陷於人人不自由，乃至人人自危，西方民主政治是個實例。這點，需要羅同學在多些歲月和思考，自然會懂其中妙處。

二、有故事情節的兒童青少年詩創作賞讀

假如能給孩子一個沒有拘束的自然環境，我相信每個孩子都是說故事高手。轉換一種表達方式，寫成詩，孩子就會在字裡行間，放人物進去，安排自己設想的情節，成為一首故事詩。孩子的心靈世界，超乎大人想像的奇妙，都是詩的元素。

時間

陳欣佑（台北市五常國小六年級）

時間像雕刻師，
在人們的額頭，
刻出一條條的皺紋。
又像油漆工，
喜歡把人們的頭髮，
漆上白色的油漆。

時間，
控制人們，
掌握著未來。

這是人的故事還是光陰的故事？陳同學的〈時間〉是「普遍性」的故事。孩子的成長過程，看到外境許多「現象」，不斷出現相同現象，便歸納成「理論」或「定律」。陳小朋友說了大家的故事，並警告說「時間／控制人們／掌握著未來」，要大家提高警覺。

〈時間〉也用了比喻，詩語言也很成功，尤其最後三句是很有力道的詩語言。陳小朋友另一首〈風〉。

風 陳欣佑

像是惡魔，
在風雨交加的夜晚，
宣告著死亡的訊息。
以冷酷的雙手，
摧殘人們的心靈，
暗示著人心寒涼。

風
變化萬千，
人們千萬不能掉以輕心。

〈風〉詩，以擬人述說風的故事，有兩層詩意。第一層是明顯真實的風，如強烈颱風造成的傷亡；第二層是含畜的影射之風，如社會風氣、人心苦寒冷漠。由於有了第二層詩意，提高了〈風〉的境界。

〈風〉的詩語言也深涵故事情節，「在風雨交加的夜晚／宣告著死世的訊息」，恐怖啊！恐怖！「以冷酷的雙手／摧殘人們的心靈」，不能掉以輕心！

風　何亞妍（新北市永和國小三年級）

風，
像一個調皮的弟弟，
把媽媽的食譜吹走了，
把爸爸的報紙搶走了，
把姐姐的裙子掀開了，
把路旁的大樹推倒了，
把人們都氣瘋了！
大家都不理他，

風弟弟只好傷心的離開。

但是，
沒有了風弟弟，
秋天不涼爽了，
冬天不冷酷了，
四季都悶得像被火烤般，
人們都受不了！

終於，
風弟弟回來了，
秋天不再如此炎熱，
冬也再次寒涼了起來，
大家都開心極了！

才小三的何亞妍小朋友，能寫這麼長的故事詩，非常了不起，以擬人化說風的故事。首先是〈風〉的結構很完整，步步展演風的情節，這表示何小朋友的思維邏輯很清楚，詩文理路通暢清晰。

其次詩語言也很豐富，把爸爸的報紙「搶」走了，「把路旁的大樹推倒了／把人們都氣瘋了」、「人們都受不了」等，對小三生而言是神奇、成功的詩語言。

還有〈風〉的情節安排，採有（首段）——無（二段）——有（三段），除了結構的美感，也在有無之間創造對比感覺。總的來看，〈風〉是超齡之作，可以做童詩的代表作品。

時間　劉子瑄（新北市秀朗國小五年級）

上課時
時間就像一位盲人
拿著一支柺杖
緩緩走過

下課時
時間就像賽車
飛快的駛過
直到無情的鐘聲響起
完全不理會想玩得盡興的我們

〈時間〉結合擬人、比喻、想像，劉子瑄同學極有創意創新才華，對比式的兩段結構，道盡所有小朋友的心思，孩子本是天生的「玩家」。比喻方式讓詩意更豐富，「上課時／時間像一位盲人」，走路緩慢，時間過得好慢，讓小朋友們很不耐煩。第二段「無情的鐘聲……」正貼切小孩玩樂的心情，突然就結束，要進教室了，我們所有的大人回憶，童年上課不也如是？劉同學喚醒大人們童年時代的故事。

溫暖

徐筱棠（新北市中和區秀山國小四年級）

冬天的天氣

有如銳利的刀光
冷冷的劃在臉上

秋天的天氣
有如青翠的綠竹
涼涼的沁入心田

夏天的天氣
有如炙熱的蒸籠
熱熱的讓人煩躁

春天的天氣
有如媽媽的巧手
溫暖得讓人沉睡

四季變化多端
每當陽光照射下來
會帶來許多溫暖
給人們驚奇的喜悅
驚喜散落一地
從冷、涼、熱

小四的徐筱棠小朋友能寫這麼長的詩，也是了不起的。首先當然是〈溫暖〉結構通暢，表示思維邏輯的連續性，才能讓詩有故事性，掌握每個季節人們的感受。詩語言意象鮮明，如「銳利的刀光、青翠的綠第、炙熱的蒸籠、媽媽的巧手」。儘管青少年以前的孩子，大約不知道如何使用「意象」，但確能有這樣的詩語言，應該是孩子很有文學才情，老師的啟蒙也重要。

最後兩句是神來之筆，「驚喜散落一地／從冷、涼、熱」。因為「驚喜」和「散落一地」的連接，有「移覺」技巧，這階段的孩子，會用「移覺」也是難度很高。

蝴蝶　洪楷崴（新北市中和國小五年級）

一隻幼蟲從卵中鑽出
緩慢的爬出卵殼
細小的大顎不斷啃食著綠葉
一次又一次的脫皮
是逐漸成長的足跡
一步步走向成蛹的階段

某天停止活動
吐出一條又一條細緻的白絲
綑綁著瘦弱的身軀
不畏颳風下雨
不畏艱難
在蛹中成長

曙光乍現
穿透了雲霧
美麗的蝴蝶破蛹而出
張開彩艷的翅膀
振翅高飛
向美好的明天

把蝴蝶的故事說得這麼清楚，每個情節都感動人，小五生的洪小朋友用了真功夫。詩還有言外之意，除了是蝴蝶的故事，也應該是一切生命的故事。

故事中有對生命的鼓舞，期許生命要「不畏颳風下雨／不畏艱難」；也有積極鼓勵人生又涵富開朗的意象，「張開彩艷的翅膀／振翅高飛／向美好的明天」，這也是鮮明的詩語言。

從〈蝴蝶〉詩中，散發樂觀、積極的氣氛，也能解讀洪小朋友的想法，這孩子一定是個樂觀、積極的人。未來必能不畏艱，開創自己美好的明天，創造自己精采又美麗動人的人生故事。

全明星之中

蔡承育（新北市福和國中九年級）

籃球明星賽中
你是我唯一的焦點
當眾人讚嘆其他選手時
我卻為你歡呼

一天廿四小時
如同你的背號
人們繞著世界轉
我則圍繞著你
轉動

蔡同學在說自己的故事，而自己的故事別人未必能懂，因為詩中的「你」是誰？只有蔡同學知道，刻意保留的神秘感。

說自己的故事，就是如此，不需解釋任何理由，「我」與眾不同，「當眾人讚嘆其他選手時／我卻為你歡呼……人們繞著世界轉／我則圍繞著你／轉動」，與眾不同，就是世上的「唯一」。

假如，有一種產品，一種東西，一種極為個殊性風格的文學，成為世上的「唯一」，別人絕對做不到的，那就是世界上價值連城的「寶物」。所以，蔡同學要持續創造與眾不同的產品，成為世上的唯一，最精彩的故事。

沙漠甘泉

邱奕慈（新北市永和國中八年級）

任歲月更迭
滾滾沙塵
喃喃訴說
得水者可一統天下
漫漫長途
只為得到一滴甘泉

無情的泉水啊

是否聽到人們的哀嚎
因為你
是活下去的希望

這首詩的「題」和「文」連接方式，出乎所有人意料之外，按我的經驗，有史以來以「沙漠甘泉」為題的作品，尚無邱同學的寫法。〈沙漠甘泉〉的創作，是創意，更是創新。

這首詩的不凡之處，在於把甘泉擬人化，並和甘泉對話，述說人間許多缺水的地方，有悲慘的故事，原因都在於缺水。詩人向甘泉喊話，「無情的泉水啊／是否聽到人們的哀嚎」？

邱同學也善於營造詩境，「任歲月更迭／滾滾沙塵／喃喃訴說／得水者可一統天下」。這樣的詩語言，很新奇、很壯觀，這是人間故事。

三、生活體驗觀察的兒童青少年詩創作賞讀

孩子每天生活所接觸到、看到、做到，感覺到的事物，最常成為孩子寫詩的素材，

可以這麼說，在正常生活條件下，孩子的生活就是詩，遊戲就是詩。現代社會的孩子們，從小也有所謂的「壓力」。根據統計資料顯示，台灣地區的單親家庭、隔代教養的比例，都在逐年升高，孩子的壓力似乎也越來越高。因此，孩子生活上未必都能盡如其意，在學校作文、詩中，孩子也通常有所述說，從詩作中可以發現孩子的心事。

夏天　金芮溱（新北市永平國小四年級）

夏天火力全開
把大地變成烤箱
將人們烤成黑饅頭
讓人不敢嘗一口

小四的小朋友最誠實、直接，但我相信金同學可能看過媽媽烤黑了饅頭，才有這麼新奇的比喻。「火力全開、把大地變成烤箱」，對小四生言，是不錯的詩語言。金小朋友有一首〈月亮〉。

月亮

從正面看有時像月餅
從側面看有時像香蕉
月餅和香蕉都是它的變身
在天空展示
食物大餐

金同學這首〈月亮〉比〈夏天〉更有詩意，更富有想像力。第一是從不同角度看事物，對小四生言是先進的。其次是想像力豐富的詩語言，「在天空展示／食物大餐」，多麼新奇的構句。

風箏　洪芳妤（新北市永和國小六年級）

有雙隱形的翅膀
在空中翱翔
飛過鄉村

飛過城市
以可思議的多樣面貌
展現無比的威風
也使人們展露笑容

洪小朋友的〈風箏〉在說什麼？通常放風箏限於在一個空廣的青草地上，不可能飛過鄉村，飛過城市，除非是有動力的飛行物體。但洪同學的〈風箏〉可以「在空中翱翔／飛過鄉村／飛過城市」，顯然是用了想像力，讓詩更有張力。

「以可思議的多樣面貌」句，應是印刷或校對上有錯，掉了「不」字，不可思議接下句「展現……」，較合詩的本意。

魔術方塊

林采葳（新北市秀山國小六年級）

「喀、喀、喀」，
清脆的聲音，
喚起小朋友的思考動力，

一玩再玩，
百玩不厭
迷人的機智遊戲。

小六生林同學說他玩魔術方塊的心得，小朋友有話直說。小孩是天生的「玩家」，只要可以玩的東西，孩子就會玩得虎虎生風。聰明的孩子會從「玩」中學到智慧、經驗，如這詩「喚起小朋友的思考動力……機智遊戲」。據說，魔術方塊玩的好的孩子，其數學、理工空間感都好，采葳小朋友是不是？

獵豹　陳立軫（新北市秀朗國小六年級）

他是短跑選手
在一望無際的草原快速奔馳
只要飢腸轆轆
就會毫不留情
往獵物身上一跳

大口吞噬

陳同學看過 Discovery 電視節目，獵豹追殺獵物的場景，有感而寫成詩。除了到非洲旅行有機會看到實物場面，其餘地方應該是沒機會的。

現代社會人們得到的知識、經驗，都是經過專家先建立起來，再傳播給更多人知道，孩子的學習經驗也是。所以，陳同學的學習力很好，看過就學到東西。

塗鴉牆　蔡承育（新北市福和國中九年級）

高聳的潔白牆面
一筆一劃
盡情彩繪

一方風景
繽紛了生活
綻放了熱情

擁抱了生命
在土地上
堅定地展現自己

蔡承育同學在《華文現代詩》第六期，有〈兩難〉、〈全明星之中〉和這首〈塗鴉牆〉，都是極有特色的好詩，而三首的共同特色是「與眾不同」，堅定展示自己的想法，貫徹自己的主張。

〈塗鴉牆〉有生動的詩語言，「一方風景／繽紛了生活／綻放了熱情／擁抱了生命」，增加語言的動感。

夜景 蘇茂誠（新北市私立南山中學國中部八年級）

從千米夜空
俯視
一條條蜿蜒的金色絲帶
在夜中依然閃耀

熙熙攘攘的螻蟻
是車　或是魚
一條條醒目的金帶
是車道　或是河流

蘇同學的〈夜景〉，有深刻的哲理思考。首先，蘇同學已能從一定的高度，看人間事物，無形中提高自己的視野，提高詩的境界。其次是深刻思考力度的詩語言，「熙熙攘攘的螻蟻／是車　或是魚」，為什麼不說是人？

明明都是人，詩寫成螻蟻、魚，蘇同學對「人」一定很有意見。就如有的人明明是個人，大家確罵他「不是人」。詩有很多想像空間，讀者要發揮想像力了！

第四章　《華文現代詩》第七期童詩與青春詩花園欣賞暨詩友會

《華文現代詩》季刊，不可思議地發行第七期，社長鄭雅文小姐、發行兼打雜彭正雄老哥、總編林錫嘉兄，無怨無悔的打拚，精神可感，吾人春秋巨椽秉筆直書之。當然，也有幾位無怨無悔的支持夥伴，曾美霞、劉正偉、許其正、莫渝、陳寧貴及筆者等諸君子淑女，大家有志一同的深耕這幾分「薄田詩地」。

初期雖是薄田，在大家努力深耕，到第六期已頗有規模。除詩壇創作外，有兒童、青少年、中學、大學生等作品，有地方（台語、客語、原住民詩選），有盲胞詩選，有英譯詩等。據發行人彭公說，即將獲得補助款，若是，可望薄田成沃壤，遠處看到一片詩國江山，沃野千里，彌望沃野！

眼前這一方詩田，我最感欣慰的仍是有人在堅持的下一代播種工作。任何「物種」若不「播種」，必然是提早「絕種」，這是簡單的道理，所以播詩種比「雪中送炭」更值得做，而「錦上添花」是不需要做的。

一、本期莊雲惠「童詩花園」作品賞讀

莊小姐的「童詩花園」每期都熱鬧，我好像看到一些小小余光中，或小李白、小杜甫，正在展露他們的詩芽，年輕小生，個個都不可輕忽。

烤肉大會

金芮溱（新北市永平國小四年級）

嫦娥、玉兔、吳剛
都會來參加中秋烤肉大會
他們會帶來什麼食物
或介紹什麼新朋友給我們認識
他們到底什麼模樣
是帶來快樂或悲傷

這首詩發揮了童心想像力，也寫出小朋友心中的疑惑。我曾問一個幼稚園老師，小朋友幾歲才不相信有聖誕老公公，老師說「大班到小一之間，有的小二」，而嫦娥、吳剛等虛構，「可能小三才知道」。但現在「民智大開」，小孩可能更早發現「真相」！金小朋友會把虛構實體化，正是想像力張開了翅膀，但仍存在疑惑，相信不久他就知道答案了。

月亮　洪楷崴（新北市中和國小五年級）

夕陽從天空西落
消失在地平線
如湖面般靜謐的黑夜升起了
此時　美麗的月娘
展現曼妙的舞姿

明亮的月光

閃耀在夜空
帶來無限的溫馨

洪同學的〈月亮〉是活生生的舞者，「展現曼妙的舞姿」也是豐富生動的詩語言。而「靜謐的黑夜升起了」，則有幾分神秘感，整首詩看，氣氛把握得不錯。

太陽　洪楷崴

是一隻有三隻腳的火鳥
自古以來就在宇宙中生存
張開火紅的雙翼
以十萬里的速度飛行
用尖銳的鳥鳴
傳遍三千里
但不敵大地
即時

遁入黑暗的天空

洪同學的〈太陽〉和〈月亮〉，想像力上平分秋色，結構和詩語言營造，〈太陽〉詩較佳，「三隻腳的火鳥」是什麼？「張開火紅的雙翼／以十萬里的速度飛行」，都是可以多重解釋的詩語言。

風箏 洪芳妤（新北市永和國小六年級）

張開一雙隱形的翅膀
在空中翱翔
飛過鄉村和城市
用不可思議的美麗
展現豐采
使人們露出笑容

洪同學的〈風箏〉，已在《華文現代詩》第六期刊過，原稿「有雙隱形的翅膀／在空中翱翔／飛過鄉村／飛過城市／以可思議的多樣面貌／展現無比的威風／使人們露出笑容」。應是莊老師修改後重刊，一個「不」字有無差別很大。

但從上期七行簡成本期六行，詞句較簡潔，詩語言也較豐富，如「展現無比的威風」改「展現豐采」，確實較佳。所以詩創作的進步，是永無止境的。

月亮姑娘

胡豐麟（新北市秀朗國小五年級）

中秋夜晚
來了一位小姑娘
誰也碰不到
只能在一旁欣賞
她在夜空跑啊跑
烏雲出現
姑娘不見了
天亮了
再也沒蹤影

胡同學的〈月亮姑娘〉，活潑、生動又可愛。小朋友的詩作中，月亮擬人化最常見，但像這首的生動活潑則是初見，胡同學不僅很有創意，心思一定也是很活潑的小朋友。

除了詩語言活潑，這首詩的安排也頗有故事性。「來了一位小姑娘／誰也碰不到」，「姑娘不見了……再也沒蹤影」，留下了伏筆，像是微型故事詩。

螳螂 陳建輔（新北市秀朗國小四年級）

螳螂是一位冷血殺手
只要他一看到想吃的昆蟲
就使出剪刀手
所以大家都避而遠之

袋鼠 陳建輔

袋鼠是一位跳遠選手
跳過草原

跳出驚人的距離
袋鼠也是一位拳擊手

才小四的陳小朋友，這兩首詩都用相同的擬人法，把螳螂擬化成冷血殺手，袋鼠化成跳遠選手和拳擊手，這是想像加比喻，成功的描述了動物的特質。

太陽 陳威綸（新北市秀朗國小五年級）

太陽是白天唯一的明燈
有了它
世界才綻放光明
農作物才得以生長
天氣也不再寒冷
露出暖暖的笑顏

星星 陳威綸

星星是月亮的孩子
白天時出去玩
晚上就陪著月亮
共度寒冷的夜晚

陳同學的〈太陽〉和〈星星〉，與小三時的〈猴子〉（見第二期）相較，進步很多，而以〈星星〉進步最多，寫得也最好。把太陽比喻成明燈很貼切，「露出暖暖的笑顏」詩意也不錯。

〈星星〉雖僅四行，想像力最佳，「星星是月亮的孩子／白天時出去玩」，比喻算很新鮮。再者，月亮只有一個，星星是多數，暗示母親有很多小孩，是不是也暗示媽媽多生孩子？「晚上就陪著月亮／共度寒冷的夜晚」，詩意豐富，氣氛也溫馨，營造一幅天倫樂的圖像。

月亮

何亞研（新北市永和國小四年級）

月亮
是白色的玉盤
高高掛在夜空

月亮
是裝了牛奶的碗
落在深不見底的井水中

月亮
是勤勞的學生
夜夜不眠不休的苦讀

月亮
是著急的媽媽

孤獨地尋找可愛的孩子

月亮
是天上派來的天使
時時刻刻守護著人們
月亮
是一個魔術師
把自己變成
夜晚的燈籠
月亮啊月亮
你真是
千變萬化

在《華文現代詩》第六期，也有一個「何亞妍」，作品是〈風〉，本期這位「何亞研」，我判斷是同一人，可能印刷或校對有誤。〈風〉和〈月亮〉的比喻和想像力相似，才小三、四就能寫這麼長的詩，表示思維邏輯很清楚，並有一貫性。

〈月亮〉如〈風〉，也充滿童趣、詩意和活潑氣氛。「裝了牛奶的碗／落在深不見底的井水中」，不僅有極寬廣的想像空間，把夜空看成深不見底的井水，使詩意濃厚，提高了境界，對小四生而言，是極有創意的造句。

何小朋友比喻、想像都很新意，如形容月亮「勤勞的學生／夜夜不眠不休的苦讀」、「著急的媽媽／孤獨地尋找可愛的孩子」，相信是詩壇的唯一。

最後三行是有力的結論，在何小朋友詩筆下，月亮還有更多的想像。用「你真是／千變萬化」，代表所有可能的變化空間。何亞妍或何亞研？為你讚嘆！

鉛筆

陳欣佑（台北市五常國小六年級）

鉛筆是充滿創意的魔法師，
滿載了智慧，
寫出一張張得意的滿分，
畫出一幅幅美麗的圖畫。

鉛筆是文具中的主宰，
寫錯時，
有橡皮擦安慰；
畫線時，
有尺陪伴。
鉛筆，
是我最好的朋友。

陳同學已是華文現代詩壇常客，在第五期有〈媽媽的心情〉和〈風〉，在第六期有〈時間〉和〈風〉，兩期的〈風〉各有特色，本期也有兩首，越來越好。

〈鉛筆〉的比喻、擬人甚為創新，是大人想不出來的好詩句，「寫錯時／有橡皮擦安慰」、「畫線時／有尺陪伴」。不僅生動、活潑，安慰和陪伴四字用的極好，有此四字，境界全出。

彩虹　陳欣佑

每當雨爺爺揮毫後，
就會架起七色橋，
上面有七位彩色的小精靈，
一起迎接溫暖的陽光。

四行小詩，簡潔有力展示彩虹形像，「七色橋」和「小精靈」是鮮活的意象，比喻很有新意和詩意。陳同學現在是小六，明年成為「青春詩花開」的少年詩人，定有上好作品面市。

二、莊雲惠「青春詩花開」青少年詩作賞讀

莊老師的「青春詩花開」班，為國、高中生詩創作班，但以國中生居多，高中生極少。其實高中也是一個啟蒙階段，若能在這時期培養藝文詩寫興趣，對一生影響很大。因為，寫詩的孩子會思考，寫詩的孩子不會學壞。或許莊老師可以考量擴大開班，讓更多孩子走在詩創作正路上。

麻雀 虞皓程（新北市福和國中九年級）

鳥群中的硬漢，
從不流下眼淚，
唯有自然使你快樂。
生命的結束由捕鳥人掌控，
唯有那時，
淚水才會伴隨英姿一起消逝。

沒有人知道鳥會不會流淚？透過想像散發愛心的作品。在結構、形式上，以悲喜三行對三行，簡潔、整齊。「生命的結束由捕鳥人掌控」是一種批判，人不應該任意傷害其他生命，虞同學心懷慈悲。

愛之鑰 虞皓程

每個人的身上都有一把鑰匙，
可以打開不同的門，

進入不同的世界。
一條條細細的金鍊，
拖著的不是鑰匙——而是門。
當正確的門對上適當的鑰匙，
愛情的鎖就會被解開。

這是有啟示性、富哲思的詩，第一段除了詩意、創意外，提示每個人身上有一把鑰匙，「可以打開不同的門／進入不同的世界」。這是什麼鑰匙？聰明的讀者一定能夠領悟，得到啟發！

這是一首寫得很好的詩，結構、想像都可引人入盛。最後一行前三字「愛情的」不要，更能富有含蓄之美。對國中生而言，已是成功的作品。

滋味　蘇茂程（新北市私立南山中學國中部八年級）

冬瓜檸檬的酸酸甜甜
味蕾旅途上跌跌撞撞

猶若太陽東昇西落
美麗而不凡
碎落，片片回憶
因不珍惜
而不可惜
唯有啜飲
依舊酸甜的冬瓜檸檬

把味覺「移覺」到觸覺的技巧表達，對國中生而言，是有難度的，所以蘇同學的〈滋味〉「美麗而不凡」，寫得很突出、傑出。

這首詩也創造了豐富的詩意，味蕾「旅途上跌跌撞撞／猶若太陽東昇西落」，境界全出，意境也提高了。「因不珍惜／而不可惜」，構句新奇，更有啟示性。

我，你口中的流浪狗

別把憐憫加諸於我

口口聲聲的關懷
不過是誰都明白的假象
我可以繼續流浪
你也可以繼續過活
我倆無需交集
關愛泥沙之於我
沒有價差

這是一首同學交誼關係的真情告白，人類從出生以後，就在每個階段都會面臨新關係的考驗，每種關係都是可貴的經驗學習。要選擇朋友間維持何種關係！是很大的智慧，若「我倆無需交集」，情誼永遠無從建立，「文」對上了「題」。

詩題，「我，你口中的流浪狗」，這個「你」又是誰？八成是某個同學，應該要懂得朋友相交，「尊重」是第一急務。蘇同學以詩對「你」表達抗議！

親人的愛

張玉芝（新北市私立崇光女中國中部八年級）

媽媽的愛是我的翅膀
讓夢想飛翔
爸爸的愛是我的肩膀
讓重擔減輕
奶奶的愛是我的依靠
人生酸甜苦辣
全向她訴說
他們的愛
豐富了我的人生
引領我向幸福前行

張同學是個幸福、幸運的孩子，〈親人的愛〉描述一幅美美的三代同堂天倫樂。依據社會工作者調查資料顯示，能有張同學這種天倫美滿的家庭，在現代社會已是少數，可見玉芝同學多麼幸運！

從詩藝看，結構形式很完整的短詩，詩語言的運用也貼切，「媽媽的愛是我的翅膀……爸爸的愛是我的肩膀」，暗示母愛是柔性的，父愛是硬性的？屬性不同。但和奶奶最有話說，酸甜苦辣都向奶奶說，為何沒向父母說？這也是一種暗示。

喜怒哀樂 張玉芝

歡喜時
我是一隻翱翔於天際的鳥兒
氣憤時
我是從火山口爆出來的岩漿
傷心時
我是從噴泉口湧出來的水花
快樂時
我是從森林中盡情奔放的羚羊
喜怒哀樂
交織成生命美麗的風景

這首詩已在第六期刊出，經老師指導修改再刊本期，較為簡潔，末兩句在形式上較佳。「開心時、生氣時」改成「歡喜時、氣憤時」，從整首詩看有較佳美感。

喜憨兒 王柏翔（新北市永和國中七年級）

他們長得和我們一樣，
只是不愛思考，
不愛說話。
他們並不笨，
只是上帝創造時，
少了某些部分。
他們是天使，
一定要善待。

早年，班上有個「喜憨兒」，都是被霸凌的，各種難聽的稱呼都有。現在教育普及了，大家略知一點尊重，還是常有被霸凌的事件發生。

王同學小小年紀，已能心懷慈悲看待喜憨兒，叫人很欣慰、很讚嘆！「他們是天使／一定要善待」，以詩警示眾人，這是王同學表達愛的方式。

演化

王柏翔

一場大爆炸，
塑造了地球，
火山噴發，
水氣密佈，
一個個小生命誕生了。
緊接著，
藍綠菌也跟著他一同玩樂，
藻類、蕨類、蘚苔類也隨之而來，
魚、兩生、爬蟲、哺乳類各個登門造訪，
人類遲至最後出現，

卻主宰了地球。

王同學以詩寫地球演化史，了得！把四十多億年濃縮成幾行詩。到底是歷史還是詩？「藍綠菌也跟著他一同玩樂……登門造訪」，關鍵句讓歷史有了詩意。

從詩中發現，王同學對「大爆炸理論」很有概念，他對天文學、生物學應該很有興趣。從自己的興趣中找題目，是創作的重要原則。

太陽　黃曼瑋（新北市私立南山中學國中部八年級）

天空中的霸主
用熾熱的光明
保護所擁有的領地
搶盡了白雲的豐采
更獨佔了整個藍天
炙熱的溫度
如匕首般

刺穿了大氣層
朝人們襲來
恣意肆虐
使大地陷入一片燒灼
逼得人們揮汗如雨
無情的發動一波波攻擊
將自己的溫度毫無保留的
寄寓天線中
如千軍萬馬
一次次奔騰而來
讓人們無從得知
究竟
是冷酷，還是過於熱情

〈太陽〉不分段一氣貫之，結構情節的連接還算緊密，成功的描述了夏天的情境。

詩藝技巧上，把太陽擬人動作，「保護所擁有的領地／搶盡了白雲的豐采／更獨佔了整個藍天」，是極佳的詩語言，讓〈太陽〉有詩意，提高了境界。

小丑

黃曼瑋

站在舞台上
穿著滑稽的服裝
賣力表演著一成不變的橋段
屢次落入自己的圈套中
引來觀眾的哄堂大笑
並不是為了博取掌聲
也不是為了增添歡笑
卻得為了生計
而成為「滑稽」的代詞
換下了滑稽的面具
有多少人能知曉

深藏的心酸

一般印象常認為小丑這個行業，頗為悲情，台上帶給人歡笑，下台獨自心酸。我以為不全然如是，每個人習性、性格不同，若性格上不合小丑，只為生計不得不做，這當然痛苦。但我相信世上有「天生的小丑」，生來習性、興趣，就愛當小丑，他就能當得很快樂，何來心酸？

黃同學從一般認知，詩寫小丑這種角色的內外衝突。「換下了滑稽的面具／有多少人能知曉／深藏的心酸」，表示所有小丑都是心酸的，是否喚起你的同情心？

第五章 我說小姐，再續播詩種，給莊雲惠

參與諸多藝文、詩壇、宗教、公益等活動，常聽到參加者在現場道出的一句話，是「你看！都是老家伙！」或「盡是婆婆媽媽」。目前我偶爾碰到幾個老牌詩社的詩人，也常提到他們出現了「斷層」，這些問題當然是因為少在年輕一代經營有關，沒有播種，也就沒有收穫！

因此，我會注意到詩壇上有誰在做「播種」的工作，我自己當然也願意在年輕人身上播「詩種」，只差不是那塊料子。但我注意到《葡萄園》詩刊一位有心的詩人，已經幾期在《葡刊》上播下「詩種、詩苗」，她就是葡刊同仁莊雲惠小姐，她在高中生、國中生乃至國小這些孩子身上播下詩種，苗種必會在這些孩子身上發芽成長，其中有可能是未來的葡刊同仁，也可能是未來的「余光中」或「文曉村」，不可逆料也！

只可惜，播了幾期，就「停播」了！故寫本文以鼓舞莊小姐持續播詩種。以下帶大

家參觀位於幾期葡刊的「莊雲惠詩種苗栽培場」，大有看頭！

葡刊193期莊雲惠老師指導「童詩翩翩飛」

這期葡刊由莊雲惠指導發表童詩，有六位小朋友，分別是：小五黃曼瑋、小五簡瑜洳、小四簡嘉容（以上三位新北市秀山國小）、小四吳芷綺、小六吳子涵（以上永和國小）及私立育才小學五年級謝沛珂。另有一個例外的，是北京市大興區大興二小二(1)班鄧童小朋友，指導老師是張艷清。先讀黃曼瑋的一首「龍捲風」：

龍捲風愛玩呼拉圈
走到哪就搖到哪
只要他走過的地方
就會跟著一起瘋狂的搖

把龍捲風和呼拉圈玩在一起，除了形像比擬，也把物件擬人化，除了技巧，也發揮了想像力，且童趣十足。尤以最後「瘋狂的搖」，詩的張力充分，讓人感覺瘋狂的龍捲風真的在搖，或看到公園有人在搖呼拉圈，拚命的搖。整首詩結構完整，沒有多餘的字。

簡瑜洳小朋友的「時鐘」也很獨特：

時鐘就像個棺材
裡面裝著三個活死人
被操控著
唯有善用時間
才能破除時鐘的魔法

這位簡瑜洳小朋友應該是屬於較有獨立思維的性格，小小年紀就能想到不要操控別人，而把被操控者形容為「活死人」。簡同學也必是能善用時間的人，如此才能不當「活死人」。全詩發揮了想像力，也有小大人的哲理，其未來會有不凡的表現。謝沛珂小朋友的「影子鬼」很有創意：

全身黑鴉鴉

沒有五官
肢體動作一流
但是它怕黑
躲在黑暗的地方
任憑怎麼呼喚
都沒回應
它就是怕黑的膽小鬼

「影子」和「怕黑」有必然的邏輯關係，而影子和膽小鬼則需要一些想像力。「全身黑壓壓／沒有五官」，一開始小詩人佈下恐怖氣氛，就讓整首詩「活」了起來。吳子涵小朋友的「花朵」，散發樂觀、積極和不畏困境的人生觀，其父母應感欣慰：

滂沱大雨
天空流淚
她卻綻放燦爛的笑靨

嬌艷的姿儀
無時無刻散發喜悅
在雨中傳遞快樂

「滂沱大雨／天空流淚」，頗有驚天地泣鬼神的氣勢，且是面臨極大的困境，在這種困境中尚能綻放笑靨，散發喜悅，必是極有修為的有道悟者，她是一朵花。小六的吳同學，思想很成熟。其他簡嘉容的「馬路」和「天空」、吳芷綺的「風」和「紅綠燈」，都是佳品，深值給他們持續「澆水」，使「詩芽」成長。

葡刊 194 期莊雲惠老師指導「童詩翩翩飛」

這期莊雲惠指導發表童詩的小朋友有：小五龔柔心、小六李宗勳（以上新北市秀山國小）、小四劉嘉婕、小四黃曼瑋（以上秀朗國小）、小五謝沛珂（育才國小）、小三黃資貽（北市日新國小）、小三胡家瀞（北市大同國小）。以上七位小詩人作品中，謝沛珂的「照鏡子」可以是模範：

你是我
我也是你

你被關在冰塊裡
跳不出來
我站在冰塊外面
跳不進去

你不是我
我也不是你

這首詩最大成功處是三段論結構的安排，對小五而言算是很高明的。其次運用虛實、主客、對比的質疑，增加詩語言的深度，這種「對立的統一」對小五生有難度，謝小朋友安排的極好，加油！

龔柔心的「火」前三行，「火是無情的破壞者／也是煙的爸爸／父子一起搗亂」，是有趣的形容，也是因果關係的創新寫法。李宗勳小朋友的「夏天」，那個「藏」字用的真好，有捉迷藏的情境，也是創新用法。黃曼瑋的「分數進行曲」，用三種情境形容三個分數等級也很成功；最小的兩個小三胡家瀞和黃資貽，開始學習「我」、「物」交流及擬人，都富有極大的潛力。

葡刊 195 期莊雲惠老師指導「青春詩章」

這期葡刊「莊雲惠詩種苗栽培場」，栽種的是一批較大的秧苗：新北高中二年級莊胡祖德、成淵高中二年級吳家瑄、安康高中一年級林立浩、金華國中八年級莊胡祖聖、永和國中一年級張勛成、崇光女中七年級吳蘋珈、永和國中七年級楊世凡。七位同學各有一作品，林立浩的「上衫謙信」最佳：

烽火綿延的歲月
充斥猜疑及野心
唯有你
化作盤旋越後

上空的蒼龍
一聲龍嘯
震出的不是霸氣
是無盡孤獨

這首詩之所以七家最佳，因較無散文化現象，詩質較厚，想像力也比較寬廣些。莊胡祖聖的「阿基米德」也寫得不錯，前三句「進入明澈冰涼的水流／銀河般的清水／緩緩流洩」，詩意頗為暢順，後段改寫阿基米德的名言「給我一個支點，我可以舉起地球。」不管叫改寫或臨摹，都是很好的學習方法。其他同學作品正如莊雲惠在「後記」說，年輕幸福的孩子們，他們活潑的心緒，清新的筆觸，寫出繽紛、多感的詩作，令人歡欣振奮呀！

葡刊 196 期莊雲惠老師指導「青春詩章」

這期莊小姐栽培場有老苗新芽：新北高中三年級莊胡祖德、竹林中學高二黃柔瑋、基隆女中一年級張耀薇、崇光女中八年級鄭炘榆、永和國中七年級祝新祐。五位同學的詩可謂全是佳品，莊胡祖德同學大有進步，「祝福」一詩中「火熱的心／被冰冷的言語切碎／我會一片片撿拾」，是很鮮明的詩語言，「切碎」是一個叫人感動的意象，好詩的第一個要件是感動，此二字是全詩的靈魂；莊胡的另一首「起飛」，善用二分法結構也很成功。而竹林中學黃柔瑋的「三電」一詩，也是用二分法（破立、敗成、相對）的好作品。

電視；佔領視覺
電話
佔領聽覺
電腦
佔領所有感覺

三電
攻破我所有防守
佔地為王　主導我的生活

物化我

現在
鼓起勇氣　拿出毅力
和三電對抗
拿回視覺
取回聽覺
換回所有感覺
再次防守
重新主導自己的生活
不再物化

「三電」形式上分三段，看似正反合的三段論法，但因前兩段在意涵上有重疊，故結構上還是二分法。詩中的「佔領、佔地為王」都算成功的詩語言，也是鮮明的意象，對高中生而言，都算用法上的創新了。

鄭炘榆的「琴待」，把「人、琴」的立場對調書寫很成功，對學生而言是新的試驗。祝新祐的「夜」很有感力，「悲情」易於與人產生共鳴，尤其以夜喻老人：

夜看似漫長　卻也短暫
夜看似寧靜　卻也吵雜
夜就像孤獨老人
悄悄出現　默默離開

月亮升起　夜來了
太陽升起　夜隱遁
恰如孤獨老人的悲哀
喃喃說給寂寞聽

整首詩簡潔且詩意也豐富，最後以「喃喃說給寂寞聽」收尾，是全詩的核心意義，明說夜的寂寞，實即道出孤獨老人的悲哀。莊雲惠在後記中寫道，高國中生青春正盛，他們可以盡情做夢，任意抒發心想，不論內容為何！都是他們成長的軌跡，都值得珍惜。

啊！大小朋友們！寫詩，可以盡情揮灑人生！

葡刊197期莊雲惠老師指導「青春詩章」

這期莊姐詩苗田園有：錦和高中三年級傅國境、新北高中三年級莊胡祖德、竹林高中二年級黃柔緯、安康高中二年級林立浩、中崙高中一年級包廷雋、崇光女中八年級吳蘋珈、永和國中八年級楊世凡、永和國中七年級祝新祐、文山國中七年級謝瑋麟。九人九品中，傅國境的「向晚」典雅清新：

溫潤柔和的光暈
灑落在高樓之間
是臨別時　纏綿的話語
縱使依戀廣大天際
卻在時間催逼下
留下一抹淡淡餘光

訴盡內心滿滿無奈

須臾間
漆黑的夜蔓延
只剩縷縷清風
滑過窗前

詩學上實境即心境，向晚客觀的典雅幽淡實境，正反映這孩子內心淡淡的愁緒，如窗前一縷清風，這是「少年國境的煩惱」吧！另一首包廷雋的「眾說紛紜」，詩寫台灣社會的現狀傳神：

圓的　方的
長的　短
粗的　細的
高的　矮的

大的　小的
美的　醜的
遠的　近的
你的　我的　他的
一樣的　但在各人眼中
卻不一樣

高中生在學校學的，應是一些定律、理論、規矩、法則、倫理、道德，這些是「應然的」；但他所見的社會現況如何？都反了、逆了、顛覆了，沒有是非對錯！這些是「實然的」。落差極大，乃至相背，孩子不解，用詩提出質疑，也很成功。

謝瑋麟的「跨年疏導交響樂」，捷運站如巨鯨，公車如爬行的巨蟲，人海如「蝗蟲過境」，雖形像化，也不失為創新的比喻。其他同學已儼然莊老師詩種苗栽培場的「元老詩人」，比以往更成熟，假以時日必有上好作品問世，揮灑自己美麗的詩章天空。

不知為何！莊雲惠的「詩種苗栽培場」，到葡刊第一九七期就「拉下鐵門」，把「童詩翩翩」和「青春詩章」劃下句點，有些可惜，那些「秧苗」任其自生自滅？莊雲惠的種苗場若能重現葡刊園地，我便請她的學生們吃冰其淋。（台北公館蟾蜍山萬盛草堂主人　陳福成二〇一三年十二月底）。

第二篇
莊雲惠詩作初探

雲橫莊原（水彩畫）

莊雲惠作

第六章 關於莊雲惠及初讀《紅遍相思》詩集

大約幾年前（二〇一一或一二年），我不知從何處發現女詩人莊雲惠小姐在教兒童寫詩，可能是《葡萄園》，也為青少年開班。我向來不太關心（亦無交流）文壇詩界事，唯一例外，我比較關心有誰願意做詩的播種和傳承工作的人，莊小姐是我發現默默在做這項「春秋大業」的人，我「盯」上她了！後來寫了「我說小姐再續播詩種，給莊雲惠」一文，發表在《葡萄園》詩刊。

但其實我對莊雲惠個人了解、認識不多，公共場合見過，路上碰到定然也認不出來——女人變化很大很快，換一套裝扮，就改變了整個風景樣貌。去年（二〇一四）春，我偶從文史哲出版社老闆彭正雄先生的書海中，得到莊雲惠小姐在民國七十四年，榮獲全國優秀青年詩人獎的詩集《紅遍相思》一書，推指一算，這年她二十二歲，已是全國優秀詩人，更吸引我想要進入她的詩國世界。

原先我知道她是新竹客族重要詩人，我曾在一本《新竹文獻》（約六年前）上看到。按《紅遍相思》一書，莊小姐的老師王祿松序文〈一個圓圓的愛〉所述，莊雲惠一九六三年（民52）十一月，出生在山明水秀的新竹芎林鄉間，成長於觀音山下淡水河旁的家居。

莊小姐的父親是位建築師，擅於畫棟雕樑的藝繪。母氏賢美，家風淳厚，人的成長和才華的顯現，必然受家風影響。才八九歲的莊小朋友，她便會獨自塗鴉寫詩了。十一歲時，面對美麗的山鄉水澤，畫了一幅大風景畫再題上一首詩，送給了好朋友。可以這麼說，她對詩文畫藝的才情，在美好的家風中自然天成。學習過程中，加上她自己不畏艱困，不放棄的努力，才能開創人生的大格局，提昇藝術境界的一大片天，著名的畫家女詩人。

二十一歲，這年就在《香港時報》「文學天地」版，發表近百首新詩。二十二歲，獲全國優秀青年詩人獎。二十三歲，以數十幅水彩畫和新詩參加國內巡迴聯展。二十四歲，出版畫集並研究攝影藝術。

一個人的成功絕非偶然，小有一點成就也絕非天上掉下來，「種瓜得瓜」是千古不變的定律（未聞種瓜得豆）。莊雲惠創作初期，碰到很多人事上的困局，仍能立志持志，堅持不停的進修學習。正是所謂的，「動心忍性、增益其所不能」。

她有一間小閣樓，取名「三不樓」，不亂、不夜、不下。平居生活條理，接物皆井然有序，故曰「不亂」。焚膏繼晷，利用「三餘」進修，故曰「不夜」。浮沉於學海如鷗鳥，出入於書叢若蠹魚，不輕易出戶，故曰「不下」。其閣樓門兩旁，張貼一副對聯，「畫裡乾坤大、詩中歲月新」，日夜自勵，力學苦修。難怪王祿松對朋友說：「莊雲惠是我的招牌學生。」青出於藍，該是每位老師最感欣慰的事。

《紅遍相思》（台北：文史哲出版社，民77年2月），詩集分三卷七十五首現代詩，四位詩壇前輩寫了四篇文情並茂的序和評介。分別是藍海文〈無題・無題〉、丁平〈海箋——致雲惠〉、王祿松〈一個圓圓的愛〉及文曉村〈涓涓滴滴盡是情〉。書末有莊小姐的後記〈結緣：試寫藝文與我〉，略述她和詩畫的一些因緣，真是因因緣緣、點點滴滴盡是情，女詩人果然是個多情女子。

略讀《紅遍相思》，就像讀一位「成熟少女」的情事心語，這些詩寫於二十、二十一歲左右，才離開少女時代幾年，滿心充溢著愛，道不完的情。那種感覺，把我自己也拉回四十年前，曾經有過的情愛。

不要話別
不必解釋
在我們不得不分手的時候

已是最低迷的空氣
如何承得住漫天陰霾
已茫然得恍若患了失聰症
又怎能聽見無邊絮語

〈若要分手時〉前兩段

是愛
使我固執
固執地苦苦佇立
只為了等候你驀然出現

是愛
使我宿命
宿命地默認
所有的付出都是當然

〈一懷純良〉前兩段

「詩緣情」的美學芳香在這裡散發著，「詩者，吟詠情性」在這裡體現著，中國詩學的抒情觀盡在其中。許多年輕時代的男歡女愛，有誰沒有經歷過？多少初戀能「修到正果」？多少青梅竹馬能共白頭到老？想是怨多於愛。但把一切當成緣，或許可劃下「圓滿」，這個道理全在一念之間，卻不容易得悟，詩人卻已悟出其中妙理，王祿松才稱許「一個圓圓的愛」。女詩人也為自己劃一個圓圓的愛，試讀〈圓的心音〉：

我不是塞外的牧人
逐水草而居
我是江南的村姑

傍山湖而立

傍山湖而立
以此為定點、為圓心
你是半徑
走多長、離多遠
我的圓就多大

甘心做江南的村姑
畫山湖為定點
當你踏月歸來時
遠遠就能望見
一盞燭光在守候……

一首好詩可以體現一個世界，論述一部哲學，彰顯一套思想體系，就看這首詩是否達到這個境界。

〈圓的心音〉所體現的，是傳統的愛情婚姻觀，這也是文化體系下「次文化」的社會秩序，千百年來如是行之，成為一種慣例、律法，內化成習慣道德規範。在這個規範下，「男主外、女主內」，女人守住一個定點（家），在家裡操持家務、照料公婆、養育兒女，而一顆心盼望著遠行的男人就要歸來了。

男人，只負責在外打拚，賺錢養家、養妻女孩子，男人始終在很大的半徑之外，久久才回家一次。這是讀這首詩時，可以體認到的思想、哲學、文化背景，屬於很傳統的，人類社會演進到現代乃至後現代，已不可逆，回不去了！那樣「唯美、圓滿」的愛情、婚姻，從此以後只存在詩或夢之中。

當然，這是一首詩，使用的是「詩語言」，我也讀出另一層真善美的意境，是「圓的心音」。第一段的四行，以兩兩相對，創造對比美感，「我不是塞外的牧人／逐水草而居」，以示自己不是游移不定的人。「我是江南的村姑／傍山湖而立」，象徵自己的堅定不移。這四行也象徵兩種不同的人類進化時期，前者遊牧時代，後者農業時代，完全不同的立足型態，更強調自己的堅定，暗喻愛情的堅毅不變。

第二最用圓心和半徑關係，比喻兩人關係的一體性，沒有圓心，半徑亦不存在；反之，亦然。象徵兩人的有無是一體的，有你也有我，無你亦無我的「同生共死」，永恆不變的愛情。

圓心半徑關係的另一層意涵是距離關係，半徑不管多長多遠，圓面積不論擴張多大，仍是「屬於圓心的半徑」，半徑絕對不可能離開圓心。象徵在外打拼的男人，不論跑多遠！也是絕對「跑不掉」的，遲早總要回到女人的身邊，堅貞如定律，永恆不變！

完整的三段式結構，第三段以堅定的心意為結語，「當你踏月歸來時／遠遠就能望見／一盞燭光在守候……」，不說人在守候是含蓄之美的表達。

這首詩為了提高意境，以主觀虛構的「造境」手法，把情境拉回農業社會時代點「一盞燭光」，以示二人的浪漫。在真實世界裡，一般家庭完全電器化，早已不點油燈了。但為創造詩境，提昇意境，營造意象，自古以來詩人就有很多違背現實環境的構句。如張繼〈楓橋夜泊〉的「夜半鐘聲」，大家認為寺廟半夜不打鐘，以免擾民。王維的〈雪中芭蕉〉亦是，雪中沒有芭蕉，藝術家出於達意，創造意境的需要，使芭蕉和雪同時出現。

詩，本來就必須隱藏、含蓄在虛實有無之間，「白髮三千丈」、「黃河之水天上來」，都是真實科學世界的虛無，精神心靈世界的真性情，此乃「詩之至處」。古人論詩之微妙神思，在其寄託可言不可言間、歸於可解不可解之會，言在此而意在彼，引人入於冥漠恍惚之境。即蘇東坡所說：「言有盡而意無窮者，天下之至言也。」莊雲惠這本詩集，諸多作品皆涵富含蓄之美，言有盡而情意無窮也。另一首〈迎你〉，迎你入於「虛擬實境」中。

分不清你從那一條航道來
整個天空
都是我的渴盼

這樣浩大的穹蒼
我仰首、靜觀、聆聽
聽到心靈悸動的聲音

迎納著九重天的喜悅
迎納著四荒的驚惶

我心靈的天空
有雲色變幻

這是一首情真而有些「弔詭」的作品，想像空間比〈圓的心音〉更寬廣，充滿空靈的真實美感。即空靈，何來真實？殊不知此乃中國詩學之特質，〈迎你〉一詩「整個天空／都是我的渴盼」，及前面「雪中芭蕉」，〈圓的心音〉詩「當你踏月歸來時／遠遠就能望見／一盞燭光在守候……」凡此，皆詩人真性情的詩意表達。

中國詩學的特質（應是本質），從不把客觀事物與藝術作品相印證，歷史上的經典名作皆如是，如李白〈秋浦歌〉「白髮三千丈、緣愁似個長」、〈北風行〉「燕山雪花大如席、片片吹落軒轅台」，杜甫〈古柏行〉「霜皮溜雨四十圍、黛黑參天二千尺」等，所表現者，是一種人格、情操，一種心情和境界，一種形而上的美學，若拿來和客觀實物相驗證，則落於形而下之差次矣。

〈迎你〉第一段，吾人回到傳統的愛情婚姻觀，女人每天在家門口盼望男人回家的情境，「分不清你從那一條航道來／整個天空／都是我的渴盼」。這「分不清」表示有許多不確定性，包含時間何時來？空間從那裡來？只好把「整個天空」當成渴盼的對象，這個「工程」也太浩大了，暗喻一種比海深、比天空深遠的深情。

第二段面對如此浩大的「工程」，詩人始終「仰隔　靜觀　聆聽」，卻「聽到心靈悸動的聲音」。永恆的等待，癡癡的守候，仍不見伊人歸來，自己一顆心難免悸動。「悸動」二字的使用有正反多層想像空間，有弔詭意涵。思想家、哲學家說過一句名言，「女人是弱者，為母則強，為妻則疑。」真是對女人這個「物種」形容的極貼切。每天在門口等、等、等……等不到人，一顆心開始悸動，是疑惑嗎？也是，也是戀愛中男女患得患失的心情。

第三段前兩行是情人約會的正常情緒，「迎納著九重天的喜悅／迎納著四荒的驚惶」，只是女詩人再強化語氣，提昇了詩意境界。以九重天相對於四荒，比喻喜悅對比驚惶的巨大落差。

最後兩行「我心靈的天空／有雲色變幻」，呼應第二段「聽到心靈悸動的聲音」，除了深涵含蓄之美，更在暗示一種無常變幻，「迎你」也可能迎不到你。但是，今天迎不到你，不表示明天也迎不到你！這之間存在太多太大的變數，變數也是想像空間，就留給讀者去想像或「自由心證」吧！不論你如何解讀！「真情」是女詩人最重要的核心價值。

「真於情性、以真為美」，是中國人抒情觀豐富的內涵，另有中國美學「以善為美」的論述。吾人以為，善和美與真是不可分割的，做為一種詩人情操，善正是以真為條件的，不真即偽，無以為善。故以真為美，是中國各類藝術，尤其詩學，很突出的觀念。古人說「千古文章，傳真不傳偽」、「詩可數年不作，不可一作不真」，初讀莊雲惠這本《紅遍相思》，在她每首詩中，最先感受到的是純真的相思情，感人的真性情。再賞讀兩首女詩人的真情，〈只要是真愛〉和〈真〉。

只要是真愛

只要是真愛
所有的等待
都是甘心的無奈
我願等待
永無怨艾
風中
雨中

不怕蔓草淹沒我的膝蓋
只因我在愛

真

因為明白你的窮乏
所以我知道儉約
因為明白你的苦難
所以我知道忍耐

褪去浮華的外衣
留下一身平實
經營艱難卻堅深的愛情
只為了無價的
真

〈只要是真愛〉、〈真〉二詩，都是吟咏真情之作，只要是真愛，女人願意付出一切。詩人的真感情，要成為詩的真感情，達到「文如其人」的人品詩品合一境界，必能感天地、泣鬼神，歷史上的經典皆如是，如文天祥〈正氣歌〉、孔明〈出師表〉、李令伯〈陳情表〉等，乃至屈原以降的李杜三蘇作品，都是人品作品合一的真性情，證明吾國文學「千古文章，傳真不傳偽」的優良文化傳統，讀莊雲惠這兩首詩，皆有如是之感。

「文如其人」涉及一個詩歌表現的問題，中國詩學認為詩人之情要自然流露，才能達到「真於情性、以真為美」的上乘之作，有「發乎自然」之說。吾國的儒、墨、道主流思想家的文學觀，也有「自然美」的論述，不去多論。唐末司空圖《二十四詩品》詮釋「自然」曰：

俯拾即是，不取諸鄰。俱道適往，著手成春。
如逢花開，如瞻歲新。真與不奪，強得易貧。
幽人空山，過雨採蘋。薄言情悟，悠悠天鈞。

到底怎樣叫「自然」？電視廣告詞說「天然ㄟ相好」（台語發音），天然是本來的樣子，沒有人工加料。那麼，女人化了妝，上了各種人為配件，是不是不自然了，文學作品怎樣才能沒有人工雕痕？司空圖詮釋「自然」，吾人針對詩貴「自然」略為解說。

◎俯拾即是，不取諸鄰：楊廷芝詩品淺解說，首言隨手拈來，頭頭是道，次言已有所本，毫不費力也。此言取材重自然也，都是眼前生活中材料。

◎俱道適往，著手成春：老子所述「道法自然」，俱道適往，則合於自然，能與自然合，則著手即可成春，言其詩作美好如春也。

◎如逢花開，如瞻歲新：四季循環，春來花開，此乃自然天道，人力不可強求改變。所謂「風來花自舞、春入鳥能言」，即指文意和天意契合。

◎真與不奪，強得易貧：真實給予者，如生活中隨手拈來，不為人所篡奪。而勉強取來者，易致貧乏，所以自然形成較強取為佳。

◎幽人空山，過雨採蘋：幽隱於空山的人，一片自然純樸之心；蘋，是一種水草，言雨過採蘋，順手取之，不刻意尋求，自然得到也。

◎薄言情悟，悠悠天鈞：薄、言，皆發語詞，無義。「情悟」是詩人心中之情，遇外物而感悟。天鈞指自然所陶鑄形成者。全句指詩人之情，接客觀人事物而感悟，如天地運行之自然，悠悠而久也。

〈只要是真愛〉一詩，九行短詩，自然天成，只有愛，沒有雜念，永無怨艾。這樣的情也是單純的，風雨都不受影響。說 是「真與不奪」是也，只要是真愛，誰人能篡奪？整體欣賞這首詩，「俱道適往，著手成春」，其詩其情，美好如春！

而〈真〉一詩，詩人要把那些「浮華的外衣」，全都褪去，那些是「浮華的外衣」？是不是那些勉強的「裝扮」？「留下一身平實」即是「本色」。本色者，本來的樣子，原本之天趣，本來之面目也，以完全真誠示人，這種愛情，是「無價的真」。

《紅遍相思》是一部抒情戀歌，散發以愛情為核心的真善美情意。詩意用詞典雅、自然、含蓄、婉約，整個來看，如王祿松在〈一個圓圓的愛〉所述，「情深而不著詭詞，心清而不生雜句，事信而不流於荒誕，體約而不陷於冗蕪，應就是這部作品的素質，抑且是詩人創作風格所異於眾的特色。」

我和莊雲惠不熟（曾有幾面之緣），但近兩年我對她勤播「詩種」（兒童青少年詩寫班），及她的青春代表作《紅遍相思》有些熟悉。初看本詩集，藍海文、丁平、王祿松、文曉村四位詩壇前輩，對她讚譽有加，誠非虛言，有才情、有詩情。再者，有愛心、有童心，某日我打電給她說：「我盯上妳了！」播詩種的春秋大業要持續。

第七章　莊雲惠與徐志摩情詩比較賞讀

前輩詩人文曉村先生，在《紅遍相思》評介〈涓涓滴滴盡是情〉一文，大致把莊雲惠這本詩集定位在「情詩」，整體而言，是抒情詩集。

但吾以為「抒情」和「情詩」，還是有定義和範圍的不同。情詩所指完全在男女兩性談情說愛，表現於詩的作品，以述愛情、相思之作，這是一個小範圍。

抒情範圍極廣，凡是發抒人的情感（喜怒哀怨等）都是抒情詩。因此，抒情詩是中國詩歌創作二千年的主流，吾國詩學正是沿著這個流向發展下來，抒發情感，表達志向，可謂是中國詩學總綱領。所以，抒情詩範圍極廣，一部中國詩學，堪稱抒情詩的美學。

文老在評介文中，提到情詩對人生自有其重要的意義，關鍵在作者所呈現的作品是否能感動人？是否有其藝術性？此涉及一個嚴肅問題，是否有傳世的價值或條件？時間當然是最終極的判官。

大家都知道時間是最後、最公平的裁判，只是我怎能等一百年後，公元二一一五年或更久再賞述莊雲惠的情詩？現在就當成「假設性題目」，權宜先作本文。

談到情詩的「價值」，或所謂「傳世」的條件，我比較同意詩評家高準先生所說的「普遍性」意義，至少這是比較客觀的，有可以服人的「標準」（認同者多）。例如，甲作者情詩，對張三李四感動，對其他人不感動，這便沒有普遍性。乙作者情詩，對許多人感動，乃至不同時代、不同國度、種族的人，看了也都感動，引起共鳴，這便有了普遍性。其實，人類文化、文明各領域皆如是，牛頓定律、愛因斯坦相對論、釋迦牟尼佛因果論，都因有普遍性而有無尚價值，若只適用於一時一地或少數人，其普遍性低，價值亦低，便沒有「傳世」的條件。

吾國現代詩（新詩）歷史尚不足百年，這近百年來能稱「情詩聖手」，能把情詩寫到俱有普遍性價值，而成傳世經典，首推徐志摩。高準讚譽除志摩的情詩，是因他的情詩不論誰看都感動，且能有「引起行動之誘力」，這種情詩當初詩人為誰而寫已不重要，重要是詩有獨立的意義，有普遍價值，可以感動很多人，且讓人引起「行動」，這才是有力量的情詩。

在金尚浩著《中國早期三大新詩人研究》（台北：文史哲，民89），也認為徐志摩情詩表現極突出，在藝術上取得較高成就。朱湘在〈評徐君志摩的詩〉一文，也極讚揚徐的情詩說：

> 情詩正是徐君的本色當行。走過了哲理詩的枯寂，此巷不通行的荒徑。走過了散文詩的逼仄，一條路程很短的小巷。走過了土白詩的陌生，由大街岔進去的胡同，到了最後，走上了情詩的大街。

徐志摩不僅是中國新詩史上的大詩人，也是最傑出的愛情詩人。他雖以「有婦之夫」公然追求「有夫之婦」，被梁啟超批評「極不道德」，但這些全被他的情詩、情話淹沒，道不道德已不重要，如今大家最欣賞的還是他的情詩，舉其代表作品之一，〈這是一個懦怯的世界〉：

這是一個懦怯的世界：
　容不得戀愛，容不得戀愛！
披散你的滿頭髮，

赤露你的一雙腳，
　跟著我來，我的戀愛，
拋棄這個世界，
殉我們的戀愛！

我拉著你的手，
愛，你跟著我走；
　聽憑荊棘把我們的腳心刺透
　聽憑冰雹劈破我們的頭，
你跟著我走，
我拉著你的手，
　逃出了牢籠，恢復我們的自由

跟著我來，
我的戀愛！

人間已經掉落在我們的後背，——
看呀，這不是白茫茫的大海？
白茫茫的大海，
白茫茫的大海，
　無邊的自由，我與你與戀愛！

順著我的指頭看，
那天邊一小星的藍——
那是一座島，島上有青草，
　鮮花，美麗的走獸與飛鳥，
快上這輕快的小艇，
去到那理想的天庭——
　戀愛，歡欣，自由——辭別了人間，永遠！

歷來詩評家都認同徐志摩的情詩有「誘發動力」，有「煽動力」，有動人的熱力，這是不是說任何女人看他的情詩，都必然心動？而想和志摩「私奔」？不然如何解釋「具有引起行動之誘力」？

〈這是一個懦怯的世界〉，可能作於一九二四年，他在一九二四年認識陸小曼，墜入戀情的作品，或云乃為林徽音而作。為誰而作已不重要，能感動天下人，能使讀他的詩的女人動心，這才是重要的。似乎這也是他的歷史定位了，百年來唯一「情詩聖手」，徐志摩，理想主義的浪漫主義者。

莊雲惠的情詩與徐志摩，當然是不同的風格，先看名家怎麼說？藍海文說「如此纏綿悱惻，盪氣迴腸，則《紅遍相思》，更美不勝收矣。」

丁平也動心，「讀著你每一次從心底翻吐出來的縷縷原情時，把我四十年前低吟於〈漓江〉河畔的游魂召回來了。」……吐完，你就關上「情門」……

王祿松有此一高徒，甚感欣慰。「這是一部戀歌集。這是圓圓的音符圓圓的愛，彈唱自己的心弦……感性深摯的情典長歌。秀影盈眼，馨香撲鼻，它是燃燒的戀曲所迸噴的火花……」

文曉村先生評《紅遍相思》是一部清麗不俗的抒情詩集，大多是情詩。「大有春蠶到死絲方盡，涓涓滴滴盡是情的風致。這是詩人純情至愛的靈語……」

讀完整本《紅遍相思》，假如要給這些詩（也是詩人）有個思想上的定位，「古典主義的浪漫主義」，或許適宜。賞讀〈悟情〉：

當我
不敢相信你眼眸的深意時
牽動嘴角的笑
好天真
好閃爍

當我
參透你眼眸的深意時
卻叫我
和淚入夢

〈悟情〉悟了什麼？為什麼「和淚入夢」？「不敢相信你眼眸的深意時／牽動嘴角的笑／好天真／好閃爍」，一定是參透他的「真相」。詩中詩意不難解讀，問題在女人為什麼只會哭，和淚入夢！為什麼不起來「造反」？革命也行！話題回到傳統的愛情婚姻觀，女人只能守住一個定點（圓心、家），男人則在外「天馬行空」。傳統詩詞許多寫閨中思情，大約如是，古典主義的浪漫主義者。再賞讀〈光華如你〉。

熠熠繁星，我只認識
定定的北極
渺渺紅塵，我只歸宿
定定的你

定定的你，是
定定的北極星
以定定的恆光
耀我

引我——
你是北極
是我唯一的仰望
是我生命的
依賴

〈光華如你〉把女人心中的男人，形容為北極星，是目標、目的的象徵，也表示唯一可以「依靠」的對象，他是丈夫，或簡稱「夫」。有個朋友（女性），她的一切活動都以老公為主，老公說了算數。我問她為什麼？她理直氣亦壯說：「你不知道嗎？夫是出頭的天耶！比天還大！」我無言、深思，她平時叫先生「爸爸」，這可能是地區的風俗習慣，不能以理論之，家庭也不是談理的地方。我另有一個朋友，娶客家女孩為妻，她每天煮好飯菜，讓先生先吃，自己只吃先生剩下的，這可能也是風俗，不能以道理評述。

如這首詩，不以理解讀，因為以理來看，女人完全失去主體性，傳統時代女人亦無主體性，「夫在從夫、夫死從子」。但從情上解讀，這樣的「小女人」才是最幸福的，我個人也覺得如是最佳，最好的婚姻制度，我上一代父母輩正是處於〈光華如你〉的情境。

上一代的女人不必就業，不需出外打拼，持操家務帶孩子，一切所需由男人「供養」。夫妻關係如這首詩，「你是北極／是我唯一的仰望／是我生命的／依賴」。這種情境的夫妻關係，女人基本上是幸福美滿的，極少有例外，世事都有例外，法律和定律也有例外。

到了現代社會，美其名曰女權主義，曰男女平等。於是，女人要養活自己，要有自己的銀子花，就業是必然的，但生兒育女操持家務，女人還是承擔較多的責任和工作，臘燭兩頭燒。現代職業婦女天天喊累、累、累，幸福指數也不斷降低！

為何幸福指數不斷降低？女權主義高漲，導至「男權、夫權、父權」邊陲化，社會學家在學術論文稱現代社會是「新母系時代」。最終的結果是社會失序、動亂，人人自危，但追其亂源則在西方民主政治。

在社會趨向失序的時代，幸福指數日漸降低，兩性關係已然政治化，夫妻關係如政黨間的妥協、鬥爭。浪漫、典雅、幸福美滿，只存在〈光華如你〉的詩中，或莊雲惠身上，尚能在何處擁有？〈海籟〉也有！

以一脈的節奏
拍打我的心靈之湄
定定的礁岩
且以日夜的守候
應和你每一聲存問
迎接你每一次造訪
任岩上鑽滿洞痕
我卻篤定
這是一樁唯美的造化

你是不斷的浪潮
侵蝕我心海深處
亭亭的礁石
且以甘心的浸泳
任你在岩上雕刻

隨著歲月
隨著浪潮
越來越深……
越來越堅……

「只要我願意、苦難也甘蜜」，這是真的！套句宗教信仰者常說的，「只要發心發願，地獄變成天堂」，正是所謂「萬法唯心造」。〈光華如你〉、〈海籟〉等，都彰顯了這種意涵，「我願意」。〈海籟〉以礁石象徵女人，大海浪潮象徵男人，定定的礁石，日夜守候，因為甘心願意，才「我卻篤定／這是一樁唯美的造化」。

性的作用是情詩「潛在的基本元素」，若完全沒有性愛成份，情詩是不存在的。這只要留意各家情詩當可理解，〈海籟〉詩中，「迎接你每一次造訪／任岩上鑽滿洞痕」、「且以甘心的侵缺／任你在岩上雕刻」，儘管可以有多種解讀，性愛聯想是一定有的。

徐志摩和莊雲惠，完全兩種不同風格情詩。徐詩有強烈誘動力，造反派、極左派，理想主義的浪漫主義者。而莊詩有含蓄之美，傳統派、極右派，古典主義的浪漫主義者。

附記：

「幸福指數」近幾年來，國內外都很夯，聯合國也在宣傳各國要重視幸福指數。實際上，各國、各民族所界定的幸福也差異很大，宗教也有不同論述，以佛教為例說明幸福到底是什麼？

佛教把幸福分兩類，一者「相對幸福」，二者「絕對幸福」。所謂相對幸福，是指人世間一般所說的快樂、歡喜、滿足等，有愛的感受。但這種幸福是一時的，終有一天要面臨分離、崩壞、痛苦、老死。例如，與相愛的人長相守，過著富足的生活，一時很幸福，遺憾的是不久也面臨生離死別，或各種無常因素的分離。

何處有「永恆的幸福」？即「絕對幸福」，有，只是絕大多數人不知道，未聞有絕對幸福的存在。佛法講到依靠阿彌陀佛的本願，任何人都能得到絕對幸福，且阿彌陀佛的救度是達此目標的唯一通路。絕對幸福又叫「無礙之一道」，《歎異抄》第七章說，「今佛者，無礙之一道也。若謂緣何？信心之行者，天神地祇亦敬伏，魔界外道亦不能障礙，罪惡之業報亦不感，諸善亦不及，故曰無礙之一道也。云云。」

阿彌陀佛所救而念佛之人，永無障礙，為何？因天地諸神對其俯首敬仰，魔界外道也不能阻礙，罪惡業報不感，諸善也無法企及。所以是絕對幸福者，這是就佛教說，其他教派應也有所說法。

但我認為，較簡單且大家易於理解，也易於追求到手的「幸福」，是諾貝爾經濟獎得主薩孟遜（**P. A. Samuelson, 1915-1970**）他提出的個人幸福公式：

$$個人幸福 = \frac{物質財貨}{消費慾望}$$

這個簡易公式，解釋如下：

㈠當慾望不變時，「幸福」和「財貨」成正比。財貨增加，幸福亦增加；則貨下降，幸福也隨之下降。

㈡當財貨不變時，「幸福」和「慾望」成反比。慾望下降，幸福增加；慾望上升，幸福則是下降。

㈢當財貨和慾望一起增加時，若財貨增加速度超過慾望增加速度，幸福增加；若財貨增加速度低於慾望增加速度，幸福就是減少。

第八章　莊雲惠詩畫中的空靈美學

各家欣賞莊雲惠的詩、畫，或許有不同的感覺，發現異樣特色。我經初讀、再賞，幾次欣賞，覺得莊小姐的詩和畫最鮮明的特色，應是空靈美感。

詩的文字以外和國畫裡的空白處，正是空靈美感的體現，即意境「虛的存在」，只能以心領神會，不可以感官把握。司空圖稱這種「虛象」，為「象外之象」、「景外之景」。

中國詩和畫特別講究這種空白、空靈美感，正是意境論的核心思維，可使詩畫神韻情思無限，增強藝術的審美效果。所謂空白、空靈，即是虛象，又不以感官證明存在，只能「以心傳心」證明存在，這也太神奇了。但詩畫理論舉一例說明，大家就懂了。孫聯奎在《詩品臆說》詮釋：「人畫山水亭屋，未畫山水主人，然知亭屋中必有主人也。」這「山水亭屋」是可畫出來的可見之「象」，「山水主人」則未畫出的無形之「象」，無形之象就是空白、空靈之意境，只能心領神會。

若以莊雲惠的水彩畫說明空靈美感（如下），畫中之屋和船即可見之象，屋和船主人未畫出即無形之象。雖是「無」，但心領神會知其「有」。再者，畫出的山樹都是可見之象，其空白濛濛處是無形之象，讓人想像神奇在其中，更證明了意境的存在。

莊雲惠在《紅遍相思》中的幾幅畫，都散溢著極寬廣的空靈之美，其詩亦如畫，大多數作品也涵富空靈審美效果。翻開她的詩集，任選一首〈心淚〉。

一烙一痕
烙得
心痕斑斑

盈盈淚
湧過
道道心痕
沁入血液

氾濫著……
沁進神經
沁進細胞……
為什麼
就不能
泛出眼眶
為什麼就不能
泛出眼眶
汩汩流淌

眼淚看得見，「心淚」如何看見，或許只能經由「以心傳心」才能看到「心淚」，所以心淚是空靈之象；外表的一烙一痕是可見之象，「心痕」斑斑亦是空靈之象。空靈之感，只能心領神會，不以感官知覺把握。

千頃翠（水彩畫） 莊雲惠作

一岸鄉情（水彩畫）　莊雲惠作

〈心淚〉怎成道道心痕?怎能沁入血液?沁入細胞?為何不泛出眼眶?這裡面必有動人感天的故事情節，留在空靈世界讓人想像。

但詩人又為何會有「心淚」，也必有所謂「外境」，與詩人的心境、情境產生了融合效果。唐朝詩人詩論家王昌齡在他的《詩格》，講到詩有三境，物境、情境、意境。所謂「物境」，卻為山水詩，則張泉石雲峰之境，極麗絕秀者，神之於心，處身於境，視境於心，瑩然掌中，然後用思，了然境象，故得形似。

「情境」者，娛樂愁怨，皆張於意而處於身，然後馳思，深得其情。「意境」者，亦張之於意而思之於心，則得其意矣。

我想，莊雲惠作畫作詩，應離不開此三境之思索過程。物境詠物或山水詩畫，以形似為特徵，但由於詩人畫家在思考、布局、審美過程中，「神之於心，處身於境，視境於心，瑩然掌中，然後用思」，故境象了然，這是「無我之境」。

「情境」和「意境」為「有我之境」。情境有濃厚色彩的情景描寫，有主觀情意力透紙背。意境是詩人畫家的意中之境，是根本不存在的，所言「不存在」是無法以感官論證的，看不見、摸不到，惟心領神會知其有，感受到另一種真善美的空靈存在。

讀《紅遍相思》諸多詩作，及觀賞書中幾幅水彩畫，都感覺得出詩人在畫象之外，詩的文字以外，還有很多「語言文字事物」的存在，這是另一個「隱形世界」，只存在詩人心中。這個世界，絕大多數人是讀不到的，讀不徹底的，惟以心讀心，才能解讀這個「空靈世界」。賞讀〈寒風中的溫馨〉。

不相見的風夜
藉纖纖長絲
用聲音
描繪我們的愛
一聲，一息
起落幸福的潮音
洶湧在胸際

聲聲潮汐
輪迴在浩潮的時空
恰如我們的心

源源不息……

相思已是刻骨銘心，又加上「紅遍」相思，不知用文字要如何描繪這個兩人世界？相信文字已是不足，語言亦有所不達，只有以心傳心，才能完全表達這文字以外的世界，這是真情相愛、相思情的心靈世界。

在一個深夜，相思的兩個戀人，隔著千重山水，他們「藉纖纖長絲／用聲音／描繪我們的愛」，這是千里傳音嗎？「纖纖長絲」是什麼？奈米嗎？那時沒有奈米，是情絲，也是「無形之象」。

情絲連接了異地的兩顆心，「一聲，一息／起落幸福的潮音／洶湧在胸際」。我想起年輕時代戀情，二十歲時也有一個戀人，但為什麼沒有在胸際有幸福的潮音？那戀情只維持一年，部隊移防到金門，戀情也結束了。那是愛吧！不夠真、也不夠專。假如，能像詩人所述「恰如我們的心／源源不息……」那該有多美！

我相信這世上，每個男女都曾有過一段相思情。我曾聽人演講說「兩情相悅便是愛情」，若是，則兩隻猩猩相悅，兩隻貓咪相悅，亦是他們的愛情。但可能沒有人類相愛那般刻骨銘心，惟人的相思相愛亦有深淺。

人類的相愛相思最深深到極處，成為一種「典範」，可感天地而泣神鬼，如「梁山伯與祝英台」和「羅蜜歐與朱麗葉」，千古不得其一的典範。但像徐志摩、莊雲惠的相思情詩，吾以為也是另一種至深至切的典範。

徐志摩的情詩已歷半個多世紀的時間考驗，證明了傳世價值。莊雲惠的情詩（《紅遍相思》），受限於她不是「新聞名人」，傳播有限，又碰上紙本書邊緣化時代，尚未獲得許多共鳴。但我相信她這本書經得起考驗，未來可能有「紅」的機會，時間才是公平的判官。

第九章　夜讀《紅遍相思》

往昔，晚上一上床，即倒頭大睡，一覺到天亮。近來常在夜裡醒來，二、三點睡不著，是不是有點年紀了。好幾回，夜裡睡不著，起來坐在書桌前，翻一翻正好放桌上的《紅遍相思》，今年的夏天，雖是夜裡也熱熱的。

有幾個夜裡，天氣很好，風熱呼呼的，我正坐窗前書桌，有心無意隨手翻著《紅遍相思》，其實是想著年輕時代沒有「修成正果」的老情人。窗外竟有明月偷聽我的心事，一陣風吹進來，在詩集第二十七頁休止，清風停在〈讀月〉詩上。我心起一句漣漪：「清風不識字，何必亂翻書？」，讀月的事還是由我來吧！

美麗的下弦
如一彎淺淺的溪流

偃臥在心谷深處
空靈　靜謐
驚醒了我的詩
那沈睡於塵土上的字句
　安眠於軟土中的音韻
都一一復甦
在深秋的清夜

世界各民族中，吾中國人最懂得讀月、了解月的心思，更把思鄉、相思之情，全寄託於月，自屈原李杜以來，吾族吾國之遊子、戀人，都是與月心連心。可以這麼說，我們族人與月亮的交誼交心關係，體現了這個民族的感情和思想模式，我們把身外客觀景物，當成朋友，乃至情人，甚至就是自己（天人合一、主客合一）了！

這個思維邏輯和西方的霸權文化是不同的，西方的霸權文化對客觀景物要完成「佔領、入侵」程序，強迫必須和自己一模一樣，自己可以完全掌控支配。從十九、二十世界的帝國主義，到現在仍維持大哥地位的「隱形帝國主義」美國，都是一個邏輯。所以，美國人「上」月亮，和「上」伊拉克、「上」阿富汗、「上」敘利亞……都是相同的思維邏輯。幸好，中、俄兩國開始有點「制美」力量，老美也吃足了苦頭，也開始不敢到處亂「上」！

為什麼讀人家的情詩讀到這個境界？或許三更半夜的，腦袋不清醒，胡思亂想，但確實東西方人讀月的邏輯是不同的。幽默大師林語堂先生說過，西方人看魚在水中游，想到的是美感；咱們中國人想到的是美味！

前面的讀月感想屬於我的，不屬於女詩人。女詩人的讀月比我浪漫多了！「美麗的下弦／如一彎淺淺的溪流／偃臥在心谷淺處」，女詩人心胸寬廣，容得下宇宙美景。佛法說的一花一世界，這時，詩人心谷深處的世界，和外在的宇宙明月世界，二者無差，是合一的。

讀月的時間大多很晚了，也許半夜，不知為何詩人晚上也睡不著？一定是有原因才會「驚醒了我的詩」！才會使沈睡的塵土「都一一復甦」！她心中想著誰？許久不見心上人，把情寄託於月，讀月可以等同讀人。

丁平先生在〈海箋——致雲惠〉代序文，說到「步入了這個年輪的你，什麼也看通看透了。」吾以為，丁平言之太早，莊雲惠出版《紅遍相思》詩集，才不過二十二歲，這個年紀「什麼也看通看透了」是不可能的，應該是「尚未看通、尚未看透」才正常。但這時的女詩人能看到「無常」，吾以為就是智者。

愛你
是我這一生的
幸　或
不幸
……
愛的江水湯湯
流向大海
還是流入沙漠無垠
是幸　或
不幸

〈當事者〉前後段

女詩人寫這首詩時，或許大約二十歲，這個年紀的愛是純純的、浪漫的、執著的、豐富的。所以才會愛的江水「湯湯」，這是巨大的付出，能否得到等量的回報或至少愛與被愛落差不要太大！一切都是未知數，因為未來的本質就是變數，故說無常。能體認無常的人，就是智者，幸與不幸都會欣然面對！而不是「一哭二鬧三上吊」。許多人說，愛情使人失去理性，但看《紅遍相思》詩作，深情中也涵富著理性。

愛使我健康
也使我受傷
吻著傷痕
淚華匯流成波紋
漾在要怨的心河

我無怨地吻著傷痕
只因為，你

值得原諒的錯誤
可以理解的自私
〈無恕〉

當一個人能說出「值得原諒的錯誤／可以理解的自私」，就是很成熟的愛情，且層次很高，其中有涵富理性的感性。若再深一層探問，怎樣的錯誤是「值得」原諒？何種自私是可以理解的？吾人無從向女詩人請益，但吾以為後者易於做到，原因是現代社會的西化教育，已把自私視為常態。資本主義和民主政治的經典《國富論》，就以人類的私心為核心理論，私心才能推動歷史前進，文化文明都是人類自私的產物，所以任何自私都是可以理解的，人本來就是自私的。你能「完全」認同嗎？

而前者做到的難度很高，絕大多數人會原諒自已犯錯十次，不會原諒別人犯錯一次，這是人性。若有人能對別人的錯，做到「值得」原諒，這種愛就很成熟、層次境界都很高了！不論做得到做不到，人生很弔詭，人世間也沒有真正完全的幸福圓滿。乃至，吾以為「幸福圓滿」根本是感情世界的「神話」，有如民主政治中高喊的「民主」都是神話！

這是幾個半夜起來寫這篇文章？今夜沒有清風，覺得好悶。打開《紅遍相思》，四個大老，藍海文、丁平、王祿松、文曉村，我只認識文老，如今他們在何處？還在哪一個世界寫詩。時間跑得如此神速！三十年竟就神不知鬼不覺的瞬間飛逝，嚇死人了！這段〈旅〉程。

我用輕盈的手
搖夢境的樹
搖落一葉青舟
請載我
到迷濛的遠方
那兒有我的依戀
　我的牽念
有我神往的夢之花

請載我前往

那怕行程遙遠
　路途坎坷
我還是懇求你——
青舟一葉
載我前往

這首詩適合做人生旅程的反思，尤其同一時代的人較有感受，進而同是文人詩人更有感覺。這詩只是一個夢境，但人生有夢最美，詩人更是愛做夢，「搖夢境的樹／搖落一葉青舟／請載我／到迷濛的遠方／那兒……」其實很多人的一生都為實現一個幾乎不可能的目標，奮鬥一輩子，能完成人生「春秋大業」的都是少數，絕大多數都是中道崩阻。最偉大悽美的史例，如孔明的北伐中原，鄭成功的反清復明，蔣中正的反攻大業。因為他們的失敗，成為民族英雄，為何?過程和信念、志節，比目的更重要，若要徹底理解這個問題，必需讀余所著《中國政治思想新詮》一書。

當然，也有實現夢境的。不久前，電視連續劇《西遊記》很夯，拍編都精彩，主題曲極有深意，看了數集也會唱了。抄錄共賞比較。

我的心兒
一花一葉
了無掛礙
卻又太牽掛
念盡紅塵
用愛照亮天下

我的心兒
穿越繁華
只為天边
那一抹彩霞
散去流沙
笑拈大千如花

我相信每個人都「有意識」的追求自己人生，地球上七十億人口便有七十億種不同的人生，但必然只有極少數的人生史會被留存在人類歷史上。或者說，也只有極少數是能對文化文明有貢獻者，越向「金字塔」頂層看，越是稀少，最後只剩偉人聖人孤獨的高坐絕頂。

各種不同的人生過程，大家都在追求，財富、愛情、婚姻、事業、友誼，誰能追求的「了無掛礙」？誰有智慧看出「一花一葉」是一世界？誰能用愛照亮天下？誰都沒有把握可以實現人生的理想？有如選舉，人人有希望，個個沒把握！

夢想依然存在，「只為天邊／那一抹彩霞」，就值得奮鬥一輩子、願意付出一生、付一切。愛情的執著也是，「我用輕盈的手／搖夢境的樹／搖落一葉青舟／請載我／到迷濛的遠方」。愛有這麼大的吸引力，吸引吾等無怨無悔要前往，「迷濛的遠方」有什麼？是什麼？都是變數，乃至是未知數，或者根本也只有天邊一抹彩霞！只因有「我神往的夢之花」，那就是愛情。

愛情真是太不可靠了，夢的不存在，花的極短暫。但〈只要是真愛〉，「只要是真愛／所有的等待／都是甘心的無奈／我願等待／永無怨艾」。吾人如何「確認」是真愛？只有自己的信念和第六感可為依據！這是很大的風險。就像唐三藏，所有外人看來都是做夢，不可能的任務，但他信念堅定，寧可西去一步死，不願回頭一步生，終於實現夢境。當他一腳踏入印度國境，那一抹彩霞已非彩霞，而是真實握在自己手中的寶物真理。

人生是那麼的奇詭，一切都無常，一切無定數，沒有完全的圓滿，你會碰到很多失望、困境。更慘的，夢境永遠是夢境，向莊雲惠學習，〈祈禱〉吧！

請賜我汪洋般浩瀚的胸懷
包容狂嘯的風暴
請賜我陽光般亮麗的心靈
撫慰霜雪劫後的大地
請賜我山嶽般聳峙的意志
面對生命蒼茫的視野
歷數日子中的美妙與創痛
向光明的未來
展望，期許……

你一定被狂嘯的風暴磨傷過，身心俱痛
否則，何須祈求擁有汪洋般浩瀚的胸懷
你一定被霜雪的冷凍傷過，傷透了心
否則，何須祈求陽光般亮麗的心靈
你一定曾經在蒼茫荒野中陷入困境
否則，何須祈求山嶽般聳峙的意志

人生是一場不止九九八十一個難題考試
沒有滿分的機會
得到東，失去西；有了北，沒了南
也不能回到原地
不能就此結束、自我了斷
只有前進、前進、進前，在行進中
歷數過去那些美妙、傷痛、擁有與失去的
相信明天會更好

相信後天夢想成真
展望、期許……

（本文寫於二〇一五年夏天的幾個三更半夜）

附件：莊雲惠兒童青少年創作詩友會計畫概要

壹、主辦單位：《華文現代詩》季刊

貳、時　間：二〇一五年底或一六年春

參、地　點：待議

肆、現場主持：莊雲惠老師

伍、參加人員：

一、《華文現代詩》莊雲惠「童詩花園」和「青春詩花開」詩人群（如後附）

二、《華文現代詩》同仁

三、詩壇朋友

陸、經費籌備：

一、補助申請、贊助

二、詩友認捐（每人一千元為準）

柒、進行方式（程序、進度）

一、討論、分工

二、莊老師確定參加人數

三、當日九點半報到、十點開始（本書每人一本）

四、四十分鐘大人時間談兒童青少年詩創作，四十分鐘小孩時間（朗誦自己詩或說心得）

五、午餐後自行離開

捌、其他：

一、家長帶孩子午餐，家長自費

附：「童詩花園」和「青春詩花開」詩人群

《華文現代詩》創刊號

周梓齊、邱冠傑、洪莉晴、陳昱倫、黎雨柔。

《華文現代詩》第二期

周梓齊、洪莉、黎雨柔、陳昱倫、陳威綸、洪芳妤、林采葳、賴建宇。（以上童詩花園）吳蘋珈、張涵雅、謝瑋麟、姚禹丞（以上青春詩花開）。

《華文現代詩》第三期

黎雨柔、陳昱綸、陳孟夏、呂彥達、劉映彤、洪楷威、陳威綸、洪芳妤（以上童詩花園）。黃立中、莊子昂、謝瑋麟、王萱芸、周晟傑、邱奕慈。（以上青春詩花開）

《華文現代詩》第五期

王宜卉、陳欣佑、簡子翔、李愷婕、林采葳、陳顥文、陳侑萱、黃翊亭、陳立軫、周梓齊、洪楷崴、莊竣翔。（以上童詩花園）

《華文現代詩》第六期

金芮溱、徐筱棠、陳欣佑、何亞妍、洪芳妤、林采葳、洪楷崴、陳立軫、劉子瑄。（以上童詩花園）王萱芸、呂彥達、蔡承育、張玉芝、邱奕慈、蘇茂誠、羅士軒。

（以上青春詩花開）

《華文現代詩》第七期

金芮溱、洪楷崴、洪芳妤、胡豐麟、陳建輔、陳威綸、何亞研、陳欣佑。（以上童詩花園）虞皓程、蘇茂程、張玉芝、王柏翔、黃曼瑋。（以上青春詩花開）

說明：

原先《葡萄園》童詩班，若目前仍在莊雲惠指導的班上，也歡迎參加，全部名單請莊老師提供，時間、地點、方式待大家討論。

全案執行情形，見《華文現代詩》第八期。

陳福成著作全編總目

壹、兩岸關係

①決戰閏八月
②防衛大台灣
③解開兩岸十大弔詭
④大陸政策與兩岸關係

貳、國家安全

⑤國家安全與情治機關的弔詭
⑥國家安全與戰略關係
⑦國家安全論壇。

參、中國學四部曲

⑧中國歷代戰爭新詮
⑨中國近代黨派發展研究新詮
⑩中國政治思想新詮
⑪中國四大兵法家新詮：孫子、吳起、孫臏、孔明

肆、歷史、人類、文化、宗教、會黨

⑫神劍與屠刀
⑬中國神譜
⑭天帝教的中華文化意涵
⑮奴婢妾匪到革命家之路：復興廣播電台謝雪紅訪講錄
⑯洪門、青幫與哥老會研究

伍、詩〈現代詩、傳統詩〉、文學

⑰幻夢花開一江山
⑱赤縣行腳・神州心旅
⑲「外公」與「外婆」的詩
⑳尋找一座山
㉑春秋記實
㉒性情世界
㉓春秋詩選
㉔八方風雲性情世界
㉕古晟的誕生
㉖把腳印典藏在雲端
㉗從魯迅文學醫人魂救國魂說起
㉘六十後詩雜記詩集

陸、現代詩（詩人、詩社）研究

㉙三月詩會研究
㉚我們的春秋大業：三月詩會二十年別集
㉛中國當代平民詩人王學忠
㉜讀詩稗記
㉝嚴謹與浪漫之間
㉞一信詩學研究：解剖一隻九頭詩鵠
㉟囚徒
㊱胡爾泰現代詩臆說
㊲王學忠籲天詩錄

柒、春秋典型人物研究、遊記

㊳山西芮城劉焦智「鳳梅人」報研究
㊴在「鳳梅人」小橋上

㊵我所知道的孫大公
㊶為中華民族的生存發展進百書疏
㊷金秋六人行
㊸漸凍勇士陳宏

捌、小說、翻譯小說

㊹迷情・奇謀・輪迴、
㊺愛倫坡恐怖推理小說

玖、散文、論文、雜記、詩遊記、人生小品

㊻一個軍校生的台大閒情
㊼古道・秋風・瘦筆
㊽頓悟學習
㊾春秋正義
㊿公主與王子的夢幻、
(51)洄游的鮭魚
(52)男人和女人的情話真話
(53)台灣邊陲之美
(54)最自在的彩霞
(55)梁又平事件後

拾、回憶錄體

(56)五十不惑
(57)我的革命檔案
(58)台大教官興衰錄
(59)迷航記、
(60)最後一代書寫的身影
(61)我這輩子幹了什麼好事
(62)那些年我們是這樣寫情書的
(63)那些年我們是這樣談戀愛的
(64)台灣大學退休人員聯誼會第九屆理事長記實

拾壹、兵學、戰爭

(65)孫子實戰經驗研究
(66)第四波戰爭開山鼻祖賓拉登

拾貳、政治研究

(67)政治學方法論概說
(68)西洋政治思想史概述
(69)中國全民民主統一會北京行
(70)尋找理想國：中國式民主政治研究要綱

拾參、中國命運、喚醒國魂

(71)大浩劫後：日本 311 天譴說
日本問題的終極處理
(72)台大逸仙學會

拾肆、地方誌、地區研究

(73)台北公館台大地區考古・導覽
(74)台中開發史
(75)台北的前世今生
(76)台北公館地區開發史

拾伍、其他

(77)英文單字研究
(78)與君賞玩天地寬（文友評論）
(79)非常傳銷學
(80)新領導與管理實務

拾陸：2015 年 9 月後新著

編號	書　　名	出版社	出版時間	定價	字數（萬）	內容性質
81	一隻菜鳥的學佛初認識	文史哲	2015.09	460	12	學佛心得
82	海青青的天空	文史哲	2015.09	250	6	現代詩評
83	葉莎現代詩欣賞	秀威			6	現代詩評
84	為播詩種與莊雲惠詩作初探	文史哲	2015.11		7	童詩、現代詩評
85	世界洪門歷史文化協會論壇	文史哲	2015.12		6	洪門研究
86						
87						
88						
89						
90						
91						
92						
93						
94						
95						
96						
97						
98						
99						
100						

國防通識課程及其他著編作品

（各級學校教科書）

編號	書　　　　名	出版社	教育部審定
1	國家安全概論（大學院校用）	幼　獅	民國 86 年
2	國家安全概述（高中職、專科用）	幼　獅	民國 86 年
3	國家安全概論（台灣大學專用書）	台　大	（臺大不送審）
4	軍事研究（大專院校用）	全　華	民國 95 年
5	國防通識（第一冊、高中學生用）	龍　騰	民國 94 年課程要綱
6	國防通識（第二冊、高中學生用）	龍　騰	同
7	國防通識（第三冊、高中學生用）	龍　騰	同
8	國防通識（第四冊、高中學生用）	龍　騰	同
9	國防通識（第一冊、教師專用）	龍　騰	同
10	國防通識（第二冊、教師專用）	龍　騰	同
11	國防通識（第三冊、教師專用）	龍　騰	同
12	國防通識（第四冊、教師專用）	龍　騰	同
13	臺灣大學退休人員聯誼會會務通訊	文史哲	

註：以上除編號 4，餘均非賣品，編號 4 至 12 均合著。

編號 13 定價一千元。